KB149601

부와 성공의 문을 여는 찰스 해낼

마스터키 시스템

부와 성공의 문을 여는
찰스 해낼 마스터키 시스템

1판 1쇄 인쇄   2023년 12월 13일
1판 1쇄 발행   2023년 12월 20일

지은이 찰스 해낼
옮긴이 양소하
발행인 김정경

책임편집 김광현   **마케팅** 김진학   **디자인** studio forb

발행처 터닝페이지
등록 제2022-000019호
주소 04793 서울 성동구 성수일로10길 26 하우스디 세종타워 본동 B1층 101/102호
전화 070-7834-2600   **팩스** 0303-3444-1115
대표메일 turningpage@turningpage.co.kr

ISBN 979-11-93650-01-1 03190

· 잘못된 책은 구입하신 서점에서 바꾸어 드립니다.
· 책값은 뒤표지에 있습니다.

부와 성공의 문을 여는 **찰스 해낼**

마스터키 시스템

The
MASTER KEY SYSTEM

찰스 해낼 지음 | **양소하** 옮김

터닝페이지

목차

스물네 개의
미공개 추가 마스터키

독점 부록 2

용어 모음

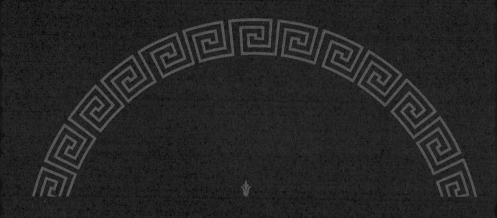

부와 성공의 문을 열어줄

스물네 개의 마스터키

첫 번째 마스터키

마스터키 시스템이란?

1   모든 소유는 의식에 기초한다. 또 모든 이득과 손실은 각각 축적된 의식과 흐트러진 의식의 결과이다. 모든 상황에서 이득이 더 많은 이득으로 이어지며 손실 또한 더 큰 손실로 이어진다.

2   생각은 만들어진다. 조건과 환경, 그리고 삶의 모든 경험은 우리 습관과 마음이 원인이다.

3   마음 자세는 어떻게 생각하느냐에 따라 달라진다. 그래서

모든 힘과 성취, 그리고 소유에 관한 비밀은 우리의 사고방식에 달려 있다.

4　그렇다. 우리는 '할 수' 있기 전에 '한다'는 마음 상태여야 하며 '한다'는 정도까지만 '할 수' 있다. 이 '한다'는 마음 상태는 우리의 생각에 달려 있다.

5　없는 힘을 드러낼 순 없다. 힘을 의식하는 유일한 방법은 모든 힘이 내면에서 나온다는 걸 깨닫는 것이다.

6　우리 내면에는 세계가 하나 있다. 생각과 느낌과 힘으로 이루어진 세계. 빛과 생명과 아름다움의 세계. 눈에 보이지 않아도 그 세계의 힘은 강력하다.

7　내부 세계는 마음에 의해 지배된다. 이 세계를 발견하면 모든 문제에 관한 해결책과 결과의 원인을 알게 된다. 이 내부 세계는 우리 통제 아래에 있으므로 힘과 소유에 관한 모든 법칙 또한 마음먹기에 달렸다.

8　외부 세계는 내부 세계의 반영이다. 외부에서 나타나는 건 내부에서 발견된 것이다. 내부 세계에는 무한한 지혜와 힘이 있으며, 필요하고 가능성 있는 모든 것이 끝없이 샘솟는

다. 만일 내부 세계에서 이런 잠재력을 인지한다면 그것들은 외부 세계에서 구체화될 것이다.

9 　내부 세계의 조화는 균형 잡힌 조건과 적당한 환경, 그리고 최상의 상태를 가진 채 외부 세계에 반영된다. 이 조화는 건강의 기초이며 모든 위대함과 힘, 성취, 그리고 성공에 꼭 필요한 요소이다.

10 　내부 세계가 조화로우면 우리 생각을 통제하고 어떤 경험이 어떻게 영향을 미치게 할지 스스로 결정하는 능력은 높아진다.

11 　내부 세계의 조화는 긍정과 풍요로움을 낳으며 그 풍요로움은 외부 세계의 풍요로움을 낳는다.

12 　외부 세계는 내부 세계 속 의식 상태와 조건을 반영한다.

13 　만일 내부 세계의 지혜를 깨닫는다면 그 속에 잠재된 놀라운 가능성을 분별할 이해력을 갖게 되며 이 가능성을 외부 세계에서 또렷이 실체화할 힘을 얻는다.

14 　내부 세계의 지혜를 깨우치면 정신적인 소유를 통해 가장

완전하고 조화로운 발전에 필요한 것들을 구체화하는 힘과 지혜를 실제로 얻는다.

15 내부 세계는 힘을 지닌 사람들이 주어진 비전을 보고 이를 현실로 만들기 위한 훌륭한 지혜와 실용적인 기술로 용기와 희망, 열정, 자신감, 신뢰와 믿음을 만들어 내는 실제적인 세계이다.

16 인생은 없던 걸 더하는 게 아니라 있는 걸 펼쳐내는 것이다. 외부 세계에서 떠오르는 것은 우리의 내부 세계에 이미 존재한다.

17 정신적인 능률은 조화로움에 달려 있다. 부조화는 곧 혼돈이다. 힘을 얻으려면 섭리와 조화를 이루어야 한다.

18 우리는 외부 의식objective mind으로 외부 세계와 연결되어 있으며 뇌는 이 마음의 기관이다. 사람은 중추 신경계cerebro-spinal system of nerves를 통해 모든 신체 부위와 의식적으로 소통한다. 이 신경계는 빛과 열, 냄새, 소리, 그리고 미각, 즉 오감에 반응한다.

19 마음이 올바르게 사고하고 사실을 이해할 때, 또 중추 신경

계를 통해 몸으로 전달된 생각들이 건설적일 때 감각들은 유쾌하고 조화롭다.

20 결과적으로 우리는 힘과 활력, 그리고 모든 구조적인 힘을 내면에 구축한다. 하지만 이 외부 의식을 통해 삶 속 모든 고통과 질병, 결핍, 한계 그리고 모든 형태의 갈등 및 부조화가 발생한다. 이렇듯 외부 의식으로 잘못된 생각을 하면 모든 부정적인 힘과 연결된다.

21 우리는 잠재의식sub-conscious mind에 의해 내부 세계와 이어진다. 복부에 위치하는 태양신경총the Solar Plexus*이 잠재의식과 관련이 있다. 또 교감신경계sympathetic system of nerves는 기쁨과 두려움, 사랑, 감정, 호흡, 상상 그리고 다른 잠재의식 현상과 같은 모든 주관적 감각을 관장한다. 잠재의식을 통해 우주의 마음과 이어진 우리는 우주의 무한한 창조력에 가까이 다가선다.

22 우리는 잠재의식 기관인 태양신경총을 통해 내부 세계와

◆ 횡격막 약간 아래쪽의 복부 대동맥 주변에서 발견되는 신체에서 가장 큰 교감신경총. 미주 신경 가지들과 큰 내장 신경으로 구성되어 있다. 이와 연결된 가장 중요한 신경 절들은 오른쪽과 왼쪽이 반달 모양이다. 많은 작은 신경총들이 여기서 파생된다

이어진다.

23 우리가 지닌 외부 의식과 잠재의식을 조화롭게 만들고 둘
    의 기능을 이해하는 것이 삶의 위대한 비밀이다. 이 지식을
    통해 우리는 외부 의식과 내부 의식을 조화롭게 하고 유한
    함과 무한함 역시 조화롭게 만들 수 있다. 미래는 완벽히 우
    리의 통제 아래에 있다! 변덕스럽고 불확실한 외부의 힘에
    좌우되지 않는다.

24 전 우주에 퍼져 있는 유일한 의식이 모든 공간을 차지하며
    어디에서든 본질적으로 동일하다는 점에 모두 동의한다. 이
    의식은 절대적이고 전능하며 어디에나 존재한다. 모든 생각
    과 물질은 그 안에 있다. 우주의 모든 것이 그렇다.

25 우주에 생각할 수 있는 유일한 의식, 즉 우주의 마음이 존재
    한다. 이 의식이 생각을 이끌어내면 생각은 그 의식에서 이
    끌어낸 생각의 대상이 된다. 이 의식은 어디에나 존재하기
    에 모든 사람 안에도 존재한다. 각 개인의 절대적이고 전능
    하며 어디에나 존재하는 의식이 외부로 드러난 것이다.

26 우주에서 생각할 수 있는 의식은 오직 하나이다. 그러니 우
    리의 의식은 우주의 의식과 동일하다. 즉 모든 마음은 하나

로 이어진다. 이 결론을 벗어날 수는 없다.

27 우리 뇌세포에 모이는 의식은 다른 사람의 뇌세포에 모이는
   의식과 같다. 각 개인은 우주의 마음이 개별화된 존재이다.

28 우주의 마음은 정지된 상태이거나 잠재적인 에너지 상태이
   다. 다만 존재할 뿐인 우주의 마음은 개인을 통해서만 발현
   되며, 개인은 우주의 마음을 통해서만 발현된다. 둘은 하나
   이다.

29 개인의 사고 능력은 우주의 마음에 작용해 그것을 외부 세
   계에 발현하는 능력이다. 인간의 의식은 곧 인간의 사고 능
   력, 생각하는 힘이다. 생각하는 힘은 정적인 마음을 동적으
   로 전환해 형성되는 진동하는 힘이다.

30 모든 속성이 우주의 마음에 담겨 있고 그 마음은 절대적이
   고 전능하며 어디에나 존재하기에, 그 특성들은 모든 개인
   의 내면에 항상 잠재적인 형태로 존재한다. 그러므로 우리
   가 무언가 생각하면 그 생각은 그와 일치하는 특정 조건을
   만들어 내게 된다.

31 그래서 모든 생각은 원인이고 모든 조건은 결과이다. 그렇

기에 바라는 조건을 만들려면 자기 생각을 통제하는 일이 절대적으로 필요하다.

32 모든 힘은 내부 세계에서 나오며 절대적으로 우리 통제 아래에 있다. 정확한 지식과 원칙을 자발적으로 운용한다면 통제할 수 있을 것이다.

33 이 법칙을 완전히 이해하고 생각의 과정을 통제한다면 분명 어떤 조건에도 적용할 수 있다. 즉 우리는 만물의 근본 토대가 되는 전능한 법칙과 의식적으로 협력하게 될 것이다.

34 우주의 마음은 존재하는 모든 원자의 생명 원칙이다. 모든 원자는 더 많은 생명을 발현시키기 위해 끝없이 노력한다. 모든 원자에는 의식이 있으며 자신이 만들어진 목적을 실현하기 위해 끝없이 애쓴다.

35 대다수의 사람은 외부 세계에서 살아가며 내부 세계를 발견한 이는 몇몇에 지나지 않는다. 하지만 외부 세계를 만드는 것은 다름 아닌 내부 세계이다. 내부 세계는 우주와 하나이며 '우리가 살고 움직이며 존재하는' 우주의 위대한 창조 원칙을 지닌다. 외부 세계에서 만들어지고 우리가 발견한 모든 게 바로 우리 내부 세계에서 만들어 낸 것이다.

36 이 원칙들은 외부 세계와 내부 세계의 관계를 이해할 때 어떤 힘을 얻게 될지 가르쳐준다. 내부 세계는 원인이고 외부 세계는 결과이다. 결과를 바꾸려면 원인을 바꿔야 한다.

37 우리는 즉시 이것이 급진적이며 전에 없던 생각이라는 점을 깨달을 것이다. 대부분의 사람은 결과를 위해 노력함으로써 결과를 바꾸려 애를 쓴다. 그들은 하나의 고통이 다른 형태의 고통으로 바뀔 뿐이라는 점을 깨닫지 못한다. 부조화를 없애려면 원인을 제거해야 하며, 그 원인은 오직 내부 세계에서만 찾을 수 있다.

38 내부 세계는 무한한 공급의 샘이며 외부 세계는 그것을 강으로 흘려보낸다. 우리가 받아들이는 능력은 이 우주의 샘을 어떻게 인지하느냐에 달려 있다. 각 개인은 이 무한한 에너지의 배출구인 셈이다.

39 모든 성장은 내부 세계에서 비롯된다. 이는 모든 자연에서 명백하다. 모든 식물과 동물, 그리고 인간은 이 위대한 법칙을 설명하는 살아있는 증거이다. 외부 세계에서 힘을 찾는 것은 전부터 거듭되어 온 잘못이다.

40 이 법칙을 실질적으로 이해하면 가난이 풍요로움으로, 무

지가 지혜로, 불화가 조화로, 그리고 폭정이 자유로 바뀐다. 물질적이고 사회적인 관점에서 이보다 더 큰 축복이 없다.

41 이를 실천하기 위해 이상화Idealization와 시각화Visualization, 발현Manifestation이라는 세 단계가 필요하다. 첫 번째 단계는 씨를 뿌리는 것이다. 고요함 속에서 이뤄져야 하나 진정한 고요함을 아는 사람은 흔하지 않다. 진정한 고요함이란 신체적인 고요함을 뜻한다. 이에 필요한 시간은 매일 15분에서 30분 정도이다. 혼자 있고 누구에게도 방해받지 않는 공간을 선택하라. 완전히 자세를 흐트러뜨리지는 말고 곧은 자세로 편안하게 앉자. 생각이 완전히 그 고요함 속에서 흐르도록 내버려 두어라. 그렇게 우리가 자기 몸을 완벽히 통제할 때까지 3~4일, 혹은 일주일 동안 이를 반복하라.

42 누군가는 쉽게 해내겠지만 많은 사람에게 이 과정은 매우 험난할 것이다. 하지만 다음 단계로 넘어가기 전에 자기 신체를 완벽히 통제하는 일은 절대적으로 중요하다. 다음 장에서는 이 다음 단계에 관한 지침을 제시한다. 그동안 이것을 완벽히 터득해야 한다.

마음은 마음의 역동적 단계인 '생각'이란
활동을 활발히 발생시키는 미묘한 형태의
정적 에너지이다. 마음은 정적인 에너지이고
생각은 동적인 에너지이다.
둘은 하나에 속하는 두 개의 현상이다.

— 워커Walker

두 번째 마스터키

잠재의식의 힘

1 　마음은 두 가지 활동 방식, 즉 의식conscious과 잠재의식sub-conscious으로 작용한다. 데이빗슨 교수는 말했다. "자기의식의 빛으로 마음의 모든 범위를 비추려는 사람은 마치 촛불 하나로 온 우주를 비추려는 것과 같다."

2 　잠재의식의 논리적인 과정은 오류가 없을 정도로 확실하고 규칙적으로 진행된다. 마음은 우리에게 가장 중요한 인식의 기초를 준비하도록 설계되어 있지만 정작 우리는 그 방식에 관해 전혀 이해하지 못한다.

3   잠재의식은 자애로운 이방인과 마찬가지로 우리 이익을 위해 노력하고 준비해 주며, 잘 익은 열매만을 우리에게 안겨 준다. 따라서 생각의 과정을 궁극적으로 분석하면 잠재의식이 심리 현상에서 가장 중요한 무대라는 것을 알 수 있다.

4   셰익스피어가 '인생 수업을 하는 한 명의 학생 신분'에서 마음에 숨겨진 위대한 진실을 힘들이지 않고도 알게 된 건 잠재의식 덕분이다. 그리스의 조각가 페이디아스Phidias가 대리석상과 동상을 만들고 라파엘이 마돈나를, 그리고 베토벤이 교향곡을 작곡한 일도 마찬가지이다.

5   얼마나 쉽게 하고 완벽하게 하느냐는 전적으로 우리가 얼마나 의식에 의존하지 않느냐에 달려있다. 피아노 연주나 스케이트 타기, 타자기 사용과 능숙한 거래가 완벽해지려면 잠재의식을 작용시켜야 한다. 피아노로 멋진 곡을 연주하면서 활기차게 대화를 나누는 데서 보이는 경이로움은 우리가 가진 잠재적인 힘의 위대함을 보여준다.

6   다들 알다시피 우리는 잠재의식에 상당히 의존한다. 더 위대하고 고귀하고 값진 생각일수록 알지 못하는 머나먼 것에서 생겨난다. 인간은 무의식적인 곳에서 생겨난 예술과 음악 등에 깃든 아름다움을 알아내는 본능과 감각을 부여

받았다.

7   잠재의식의 가치는 엄청나다. 잠재의식은 우리에게 영감을
    부여하며 경고 메시지를 전달하고 기억의 창고에서 이름과
    사실, 장면들을 꺼내 전해준다. 잠재의식은 우리의 생각과
    취향을 지시하며 너무 복잡해서 어떤 의식적인 마음으로도
    절대 할 수 없는 일까지 이뤄낸다.

8   우리는 내키는 대로 걸을 수 있고 원할 때마다 팔을 들어
    올릴 수 있다. 하고 싶다면 어떤 대상에게든 눈과 귀를 통해
    자유롭게 관심을 기울일 수도 있다. 하지만 심장을 뛰지 못
    하게 하거나 혈액 순환을 멈추게 할 수 없고, 또 성장을 멈
    추게 하거나 신경이나 근육 조직이 형성되는 걸 저지할 수
    도 없으며 뼈가 자라나는 과정이나 기타 생명을 좌우할 수
    없다.

9   이 둘을 비교한다면 하나는 순간마다 의지로 명령되고 다
    른 하나는 리드미컬하고도 장엄하게 수행된다고 볼 수 있
    다. 하지만 우리는 항상 후자에 경외감을 느끼고 그 비밀을
    알고 싶어 한다. 우리는 이들이 우리의 육체적인 생명 유지
    에 필수적인 과정이라는 것을 깨닫는다. 또 변화와 변동을
    겪는 외부 의지의 영역에서 의도적으로 빼내어 변하지 않

고 신뢰할 수 있는 내부의 힘에 맡겼다는 타당한 결론에 다다른다.

10 이 두 힘 중에서 외적이고 변화하는 힘을 '의식', 즉 외부 대상을 다루는 마음인 '외부 의식objective mind'이라고 한다. 내부의 힘은 '잠재의식', 또는 '내부 의식subjective mind'이라고 부르며, 이 힘은 정신적인 면에서 작용하는 것 말고도 육체적인 생명을 유지하는 규칙과 기능을 통제한다.

11 정신적인 면에서 각각의 기능에 대해 명확히 이해하고, 또 다른 기본 원리도 잘 알아야 한다. 의식적인 마음, 즉 의식은 오감을 통해 인식하고 작용하며 외부 세계의 대상과 그 대상에서 받은 인상을 다룬다.

12 의식은 선택을 책임지는 분별 기능이 있다. 귀납적이거나 연역적이거나 분석적이거나 삼단논법적으로 추론하는 힘이 있으며, 이 힘은 높은 수준까지 발전할 수 있다. 의식은 의지의 중심이며 의지는 의식에서 모든 에너지를 끌어내 활용한다.

13 의식은 다른 사람의 마음에 감동을 주기도 하지만 잠재의식에 지시를 내릴 수도 있다. 그래서 의식은 잠재의식을 책

임감 있게 제어하고 지켜준다. 우리 삶을 완전히 바꿀 수 있는 것이 바로 이 고차원적 기능이다.

14 두려움이나 걱정, 가난, 질병, 부조화와 온갖 악을 무방비 상태의 잠재의식이 잘못 받아들여 우리를 지배하는 경우가 많다. 의식을 단련하여 경계하는 보호 행동을 한다면 완벽히 예방할 수 있다. 의식이 거대한 잠재의식의 영역 앞을 지키는 '파수꾼' 역할을 하는 셈이다.

15 어떤 작가가 마음이 지닌 두 양상의 주요한 차이를 이렇게 설명했다. "의식은 추론하는 의지이고 잠재의식은 본능적인 욕망인 동시에 과거 의식의 결과이다."

16 잠재의식은 외부에서 제공받은 전제로부터 공정하고 정확한 추론을 이끌어낸다. 제대로 된 전제라면 잠재의식이 흠잡을 데 없는 결론에 도달하지만, 전제나 암시가 잘못된다면 전체 구조가 무너진다. 잠재의식은 증명 과정에 관여하지 않는다. 잘못된 인상의 수용 여부는 '파수꾼' 역할의 의식에게 의존한다.

17 어떤 인상을 진실로 받아들이면 잠재의식은 즉시 그 거대한 작업 영역에서 행동하기 시작한다. 의식은 거짓이나 진

실을 모두 잠재의식에 전달한다. 만약 거짓을 전달한다면 개인은 큰 위험을 감수해야 할지 모른다.

18 의식은 깨어 있는 시간 동안 열심히 일해야 한다. '파수꾼'이 '자리를 벗어났거나' 침착하게 판단하지 않으면 잠재의식은 보호받지 못해 들어오는 모든 인상에 속절없이 노출되고 만다. 공포심으로 흥분했거나 분노가 머리끝까지 차오를 때, 또 무분별하게 군중심리에 휘말려 충동적이 되거나 기타 억제되지 못한 감정이 밀려올 때가 가장 위험하다. 그때 잠재의식은 주변 사람이나 상황에서 비롯된 두려움과 증오, 이기심, 탐욕, 자기비하 및 기타 부정적인 힘에 노출된다. 그 결과는 대개 극도로 해로우며 장기간 고통스러운 영향을 미칠 수 있다. 그러므로 잘못된 인상에서 잠재의식을 보호하는 일은 매우 중요하다.

19 잠재의식은 직관으로 인식한다. 따라서 처리가 빠르다. 잠재의식은 의식적인 추론 같은 느린 방법을 활용하지 않는다. 사실 그 방법은 쓸 수가 없다.

20 잠재의식은 심장이나 혈액처럼 절대 자거나 쉬지 않는다. 잠재의식에게 구체적으로 달성해야 할 것들을 분명히 말하면 원하는 결과를 이끌어내는 힘이 벌써 작용하기 시작한

다. 바로 이것이 우리를 전능한 존재와 연결하는 힘의 원천이다. 이는 진지하게 연구할 가치가 있는 심오한 원리이기도 하다.

21 이 법칙은 흥미롭게 작용한다. 이를 실행한 사람은 다음과 같은 경험을 겪기도 한다. 어려운 대화를 나눌 거로 생각하고 어떤 사람을 만나러 갔는데, 모르는 무언가가 생각했던 문제를 해결한 상황인 것을 발견한다. 모든 것이 조화롭게 바뀌어 있는 것이다. 사업을 할 때 어려운 문제가 발생해도 시간 여유가 생기고 적절한 해결책이 나타나기도 한다. 모든 것이 적절하게 정리된다. 사실 잠재의식을 신뢰하는 법을 깨달은 사람들은 자신이 무한한 자원을 원하는 대로 할 수 있다는 걸 알게 된다.

22 잠재의식에는 원칙과 열망이 자리한다. 우리의 예술적이고 이타적인 이상의 샘이다. 이러한 본능은 내재된 원칙을 무너뜨리는 길고 험난한 과정을 거쳐서만 바뀔 수 있다.

23 잠재의식은 논쟁하듯 바꿀 수 없다. 따라서 잘못된 인상을 받아들인다면 그것을 극복하는 확실한 방법은 반대되는 인상을 자주 강력하게 받아들여 새롭고 건강한 생각과 삶의 습관을 형성하는 것이다. 반복해서 하면 어느 순간 저절로

된다. 더 이상 판단해서 하는 행위가 아니라 잠재의식 속에 깊게 자리 잡게 된다. 습관이 바르고 제대로 된 것이라면 우리에게 이롭다. 하지만 바르지 않고 해로운 습관이라면 이를 고치는 방법은 잠재의식의 전능함을 인식하고 습관에서 자유로워지도록 자신에게 말하는 것이 해결책이다. 잠재의식은 창조적이며 우리의 신성한 원천과 연결되어 있으니 곧 우리가 제안한 자유로움을 만들어 낼 것이다.

24 요약하자면 신체적 측면에서 잠재의식의 정상적인 기능은 규칙적이고 중요한 과정인 생명의 보존과 건강의 회복, 그리고 후손을 보살피는 것과 연관된다. 그리고 여기에는 모든 생명을 보존하고 전반적인 여건을 개선하려는 본능적인 욕구가 포함된다.

25 정신적인 측면에서 잠재의식은 기억 창고이다. 잠재의식에는 시간이나 공간에 방해받지 않고 활약하는 멋진 생각 전달자들이 존재한다. 잠재의식은 삶의 실질적인 주도권과 건설적인 힘의 샘이다. 그곳에는 습관이 머문다.

26 영적인 측면에서 잠재의식은 이상과 열망, 상상의 원천이며 우리가 신성한 원천divine Source을 인식하는 통로이다. 이 신성함을 인식하는 정도에 따라 힘의 원천을 이해하는 수준

이 달라진다.

27 누군가는 "어떻게 잠재의식이 조건을 바꿀 수 있을까?"라고
물을지 모른다. 잠재의식은 우주의 마음의 일부이며, 그런
일부인 잠재의식은 전체인 우주의 마음과 같아야 한다는
것이 그 질문에 대한 답이다. 유일한 차이는 정도이다. 알다
시피 우주의 마음은 창조적이다. 사실 그는 유일한 창조자
이다. 결과적으로 인간의 마음도 창조적이라는 것을 알 수
있다. 마음의 유일한 활동이 생각이기에 결국 그 생각은 무
언가를 만드는 성질, 즉 창조적인 성향을 지닌다.

28 그러나 단순히 생각하는 것과 의식적이고 체계적으로 생각
에 지시하는 것에는 엄청난 차이가 있다. 생각에 지시할 때
우리는 우주의 마음, 그리고 무한함과 조화를 이루고 존재
하는 가장 강력한 힘, 창조적 힘을 발동하게 된다. 이는 다
른 모든 것과 마찬가지로 자연의 법칙에 의해 지배된다. 이
법칙이 바로 '끌어당김의 법칙'이다. '끌어당김의 법칙'은
마음이 창조적이며 저절로 그 목적 및 대상과 연결되어 현
실로 구현하는 것을 뜻한다.

29 지난주에는 육체를 통제하는 힘을 갖기 위한 연습을 해보
았다. 그 연습을 해냈다면 다음 과정으로 나아갈 준비가 된

셈이다. 이번에는 우리 생각을 통제하는 연습을 해보자. 가능하면 저번 연습을 진행한 그 공간에서 같은 의자를 사용하고 같은 자세를 취해보자. 어떤 경우에는 저번과 같은 공간을 쓰기 어려울 수도 있다. 그렇다면 주어진 조건을 최대한 활용하기만 하면 된다. 자, 이제 저번처럼 완벽히 동작을 멈추고 모든 생각을 억제하자. 걱정과 근심, 두려움을 느끼는 모든 생각을 통제하고 원하는 생각만 할 수 있게 될 것이다. 완전히 익힐 때까지 이 연습을 계속하자.

30 한 번에 몇 분 이상 지속하지 못하겠지만 이 연습은 할 만한 가치가 있다. 우리의 정신세계에 계속 접근하려 애쓰는 수많은 생각들을 실제로 느끼게 해주기 때문이다.

31 다음 주에 우리는 조금 더 흥미로운 연습에 관한 지침을 배울 것이다. 하지만 그 전에 먼저 이 연습을 잘 마무리해야 한다.

원인과 결과는 눈에 보이는 물질적인 세계에서처럼
숨겨진 사고 영역에서도 절대적이며 변함이 없다.
마음은 특성과 환경이라는 옷을 만들 천을 짠다.

— 제임스 앨런James Allen

세 번째 마스터키

자신이 무한한 힘을 지녔음을 알라

1   의식과 잠재의식이 상호작용하려면 관련 신경 체계가 유사한 상호작용을 해야 한다. 인도의 트로워드 판사는 이 상호작용에 영향을 미치는 아주 훌륭한 방법을 제시했다. 그는 이렇게 말했다. "중추 신경계cerebro-spinal system는 의식의 기관이고 교감 신경계sympathetic는 잠재의식의 기관이다. 중추 신경계는 육체적 감각, 즉 오감을 통해 의식적으로 인식하며 신체의 움직임을 통제하는 통로이다. 또한 뇌가 이 신경계의 중심이다."

2 "교감 신경계는 태양신경총으로 알려진, 배 안쪽 신경의 뒤쪽에 위치한 신경 다발이 중심이며 무의식적으로 신체의 중요한 생명 유지 기능을 지원하는 정신적 활동의 통로이다."

3 "두 신경계의 연결은 미주 신경에서 이뤄진다. 이는 뇌신경의 일부로 대뇌에서 흉부로 이어지고 거기서 또 심장과 폐로 가지가 뻗어가 마지막으로 횡격막을 통과해 교감 신경계와 합쳐진다. 이런 식으로 두 신경계가 연결되어 우리가 육체적으로 온전해진다."

4 모든 생각이 의식의 기관인 뇌에서 수용된다. 바로 여기서 우리의 추론하는 힘이 발생한다. 외부 의식이 어떤 생각을 진실이라고 인지하고 만족하면 그 생각을 내부 의식의 뇌, 태양신경총으로 보내서 우리 육체를 만들어 내고 외부의 현실로 나타낸다. 이렇게 되면 더 이상 그 생각은 어떤 논쟁에도 영향 받지 않는다. 잠재의식은 논의의 대상이 아니다. 단지 행동할 뿐이다. 잠재의식은 외부 의식의 결론을 최종적인 것으로 받아들인다.

5 태양신경총은 신체가 지속적으로 생성하는 에너지가 중점적으로 분배되는 곳이어서 신체의 태양으로 빗대어져 왔다.

이 에너지는 매우 실질적인 에너지이며 이 태양도 매우 실질적인 태양이다. 이 에너지는 신경계에 의해 신체의 모든 부분에 분배되고 몸을 둘러싼 공기를 통해 방출된다.

6 만일 이때 분출되는 에너지가 강력하다면 그 사람은 '끌어당기는 힘이 있는 사람'이라고 한다. 그는 끌어당기는 힘이 가득한 사람이다. 이런 사람은 긍정의 빛으로 반짝거리며 계속 엄청난 힘을 발휘할 수 있다. 말 한마디 없이 자신의 존재만으로도 힘들어하는 상대에게 종종 평화와 위안을 가져다줄 것이다.

7 누군가의 태양신경총이 활동적으로 움직여 생명과 에너지를 자신의 모든 신체에, 그리고 그가 만나는 모든 사람에게 전달하면 기분이 좋아진다. 그의 몸은 건강해지고 그가 만나는 모든 사람도 기분이 좋아질 것이다.

8 만약 이 에너지가 멈춘다면 불쾌해질 것이다. 삶에, 또 신체의 어느 부분에 흐르던 에너지가 멈추면 신체적, 정신적, 그리고 환경적으로 모든 질병의 원인이 된다.

9 신체의 태양이 몸의 일부에 흘려보낼 에너지를 충분히 만들어 내지 못하면 몸에 병이 생긴다. 의식 역시 잠재의식에

필요한 생명력을 의존하고 있는데 그렇지 못하면 마음에 병이 생긴다. 잠재의식과 우주의 마음 사이에 연결이 끊기니 환경에도 역시 병이 생긴다.

10 태양신경총은 부분이 전체와 만나는 지점이다. 유한은 무한이 되고, 창조되지 않은 우주는 창조되고 보이지 않는 우주는 보이게 된다. 태양신경총은 생명이 나타나는 지점이며 여기서 만들어 내는 에너지의 양은 끝이 없다.

11 이 에너지의 중심은 모든 생명 및 모든 지능과의 연결점이므로 전능하다. 어떤 것이든 지시받는 대로 해내며 여기에 의식의 힘이 작용한다. 잠재의식은 의식이 제안하는 계획과 아이디어를 실행할 수 있으며 또 실행할 것이다.

12 그래서 의식적인 생각은 이 태양신경총의 주인이다. 이곳에서 몸 전체의 생명과 에너지가 흐른다. 우리가 하는 생각의 질이 태양신경총에서 발산되는 생각의 질을 결정한다. 또 우리가 하는 생각의 성격이 태양신경총에서 발산할 생각의 성격을 결정하며, 생각의 본질이 태양신경총에서 발산하는 성격의 본질을 결정한다. 그 결과 경험의 본질이 결정된다.

13 그러므로 우리가 할 일은 자신의 빛을 드러내는 것뿐이다.

더 많은 에너지를 뿜어낼수록 바람직하지 않은 조건을 기쁨과 이익의 원천으로 더 빠르게 변화시킬 수 있다. 그렇다면 중요한 것은 이 빛을 어떻게 드러내는가, 이 에너지를 어떻게 만들 것인가이다.

14 비저항적 사고non-resistant thought는 태양신경총을 확장하고 저항적 사고는 태양신경총을 수축시킨다. 즐거운 생각은 태양신경총을 확장하고 반대로 불쾌한 생각은 수축시킨다. 용기와 힘, 자신감, 희망에 관한 생각은 모두 그에 상응하는 생각을 만들지만 두려움은 빛을 드러내기에 앞서 반드시 파괴해야 할, 태양신경총의 가장 큰 적이다. 이 두려움은 완전히 파멸시키고 제거해야 한다. 영원히 쫓아버려야 한다. 두려움은 태양을 가리는 구름이자 영원한 어둠을 불러일으키는 원흉이다.

15 이 악마 같은 생각 때문에 우리는 과거와 현재, 미래를 두려워하게 되고 자신과 친구와 적을 두려워하게 된다. 모든 것, 모든 사람을 두려워하게 하는 원인인 것이다. 두려움이 효과적으로 완전히 파괴될 때 우리의 빛은 빛나고 구름이 흩어진다. 비로소 힘과 에너지와 생명의 원천을 찾게 된다.

16 자신이 정말 무한한 힘을 가진 존재라는 걸 알게 될 때, 그

리고 생각의 힘으로 어떤 불리한 상황도 극복할 수 있음을
실제로 입증해 의식적으로 깨달을 때, 세상에 두려울 게 없
을 것이다. 그리고 두려움은 파괴되어 우리는 태어날 때부
터 주어진 권한을 행사하게 될 것이다.

17 우리가 마주할 경험을 결정하는 것은 삶에 대한 우리의 마
음가짐이다. 아무 것도 기대하지 않는다면 아무것도 얻지
못한다. 하지만 많은 것을 요구하면 더 많이 얻을 것이다.
세상은 우리가 목소리를 높이지 않을 때만 가혹하다. 또 세
상의 비판은 자기 생각을 펼치지 않는 사람들에게만 쓰라
리다. 많은 아이디어가 빛을 보지 못하게 만드는 것도 이러
한 비판에 대한 두려움이다.

18 하지만 자신이 태양신경총을 지녔음을 아는 사람은 비판이
나 다른 무언가를 두려워하지 않는다. 그는 용기와 자신감,
그리고 힘을 발산하느라 정신이 없을 것이다. 또 그는 부푼
마음으로 성공을 기대할 것이다. 그는 앞을 막아선 장애물
을 무너뜨리고 의심과 망설임의 구렁텅이를 손쉽게 뛰어넘
을 것이다.

19 건강, 힘, 그리고 조화를 의식적으로 발산하는 능력을 인지
한다면 자신이 무한한 힘과 이어져 있어 두려워할 게 없다

는 걸 깨닫게 된다.

20 이 깨달음은 지식을 실제로 적용해야 얻을 수 있다. 운동선수가 훈련을 통해 강해지듯 우리는 실천을 통해 배운다.

21 다음 문장이 매우 중요하므로 충분히 의미가 이해되도록 여러 관점에서 살펴보자. 종교적인 성향을 지녔다면 '스스로 빛을 낼 수 있다.'라고 표현된다. 만약 자연과학에 관심이 있다면 '우리가 태양신경총을 깨울 수 있다.'라고 표현된다. 또 엄격한 과학적 해석을 원한다면 '우리의 잠재의식에 깊게 각인할 수 있다.'라고 표현된다.

22 이 각인의 효과가 어떤지는 이미 설명했으니, 이제 그 방법에 관심이 갈 것이다. 우리는 이미 잠재의식이 지적이고 창조적이고 의지에 반응한다는 것을 깨달았다. 그렇다면 원하는 인상을 만드는 가장 자연스러운 방법은 무엇일까? 바로 내가 원하는 대상에 집중하는 것이다. 집중할 때 우리는 잠재의식에 깊은 각인을 남긴다.

23 이것만이 유일한 방법은 아니지만 간단하고 효과적이며, 가장 직접적이고 최종적으로 최상의 결과가 확보되는 방법이다. 많은 사람이 기적이라고 생각할 정도로 놀라운 결과를

만들어 내는 방법이기도 하다.

24 이 방법을 활용해 모든 위대한 발명가와 자본가, 정치가가
욕망과 믿음, 확신이라는 미묘하고 보이지 않는 힘을 외부
세계에 실제적이고 명확한 사실로 구현한다.

25 잠재의식은 우주의 마음의 일부이다. 우주의 마음은 우주의
창조적 원리이며 부분은 전체와 동일한 바탕과 본성을 지
닌다. 잠재의식의 창조적인 힘이 절대 무제한이라는 뜻이
다. 과거의 어떤 것에도 구애받지 않으며 결과적으로 말하
자면 이 법칙을 적용하는 기존의 방식도 존재하지 않는다.

26 우리는 잠재의식의 마음이 우리 의지에 반응한다는 것을
깨달았다. 이는 우주의 마음속 무한한 창조력이 각 개인의
의식의 통제 아래 있음을 의미한다.

27 다음에 제시할 연습에서 이 원리를 실제 적용할 때, 잠재의
식이 우리가 원하는 결과를 어떻게 만들어 내는지 미리 제
시할 필요가 없다는 점을 기억하자. 유한한 존재는 무한한
존재를 가르칠 수 없다. 우리는 그저 원하는 것을 말하면 될
뿐, 어떻게 얻는지 그 방법을 말할 필요는 없다.

28 우리는 획일적인 것이 차별화되는 통로이며, 이 과정은 우주의 마음의 허락 아래 이루어진다. 원하는 결과가 나오게 하는 방법은 그저 인식하는 것이다. 그 이유는 우주의 마음이 우리의 마음을 통해서만 작용하고 우리의 마음 역시 우주의 마음을 통해서만 작용하기 때문이다. 우주의 마음과 우리는 둘이 아니다.

29 이번 주에는 한 걸음 더 나아가도록 하자. 움직임을 멈추고 가능한 한 모든 생각을 억제할 뿐 아니라 긴장을 풀고 근육을 편한 상태로 유지하자. 그러면 신경을 누르는 힘이 사라지고 신체적 피로를 유발하는 긴장감을 없앨 수 있다.

30 신체적 이완은 의지의 자발적인 운동이다. 이렇게 하면 혈액이 뇌와 몸 사이를 자유롭게 오가기 때문에 이 운동의 가치는 크다.

31 긴장은 정신적 불안과 비정상적 정신 활동을 초래한다. 그렇게 걱정과 두려움, 불안이 생겨난다. 그래서 마음이 자유롭게 기능하게 하려면 절대적으로 휴식이 필요하다.

32 이 연습을 가능한 한 철저하고 완벽하게 하자. 조용한 휴식이 찾아오고 자기 자신과 세상 둘 다 평화롭고 고요하게 느

껴질 때까지, 또 둘이 조화를 이루고 있다고 느껴질 때까지 속으로 온몸의 근육과 신경을 이완하겠다고 생각하자.

33 그러면 태양신경총이 활동할 준비가 다 갖춰진 셈이다. 우리는 이제 결과에 놀라기만 하면 된다.

우리가 할 일은 자신의 빛을 드러내는 것뿐이다.
더 많은 에너지를 뿜어낼수록
바람직하지 않은 조건을 기쁨과 이익의 원천으로
더 빠르게 변화시킬 수 있다.

— 찰스 해낼

'내부 세계'와 '외부 세계' 연결하기

1 우리가 말하는 '나'는 육체가 아니다. 육체는 단순히 '내'가
  목표에 도달하기 위해 사용하는 수단이다. 그렇다고 '나'는
  마음도 아니다. 마음 또한 '내'가 생각하고 추론하고 계획을
  세우기 위해 활용하는 또 다른 도구일 뿐이다.

2 '나'는 몸과 마음 둘 다 통제하고 지시를 내려야 한다. 무엇
  을 해야 하고 어떻게 행동해야 하는지 결정하는 존재여야
  한다. 이 본질적인 사실을 깨닫게 된다면 '나'는 전에 알지
  못했던 힘을 느끼게 될 것이다.

3 우리의 성격은 셀 수 없이 많은 개인적 특징과 특성, 습관과 인간적인 특성으로 이루어져 있다. 이것들은 우리가 전에 가졌던 사고방식으로 인한 결과이지만 진짜 '나'와는 아무런 연관이 없다.

4 우리가 '내 생각에는'이라고 말할 때 '나'는 마음이 무엇을 생각해야 하는지 제시한다. 또 우리가 '나는 간다'라고 말할 때 '나'는 우리 몸이 어디로 가야 하는지 제시한다. 이런 '나'의 실체는 영적인 것이다. 사람은 자신의 진정한 본성을 깨달았을 때 진정한 힘의 원천을 얻는다.

5 '나'에게 부여된 가장 위대하고 놀라운 힘은 생각하는 힘이다. 하지만 건설적으로, 혹은 올바르게 생각하는 방법을 아는 사람은 거의 없다. 결과적으로 보면 사람들은 그저 평범한 결과만 얻을 뿐이다. 대부분의 사람은 생각을 유아기적인 마음에서 비롯되는 필연적인 결과인 이기적인 목적에 머물게 한다. 마음이 성숙해지면 그제야 패배의 씨앗이 모든 이기적인 생각에 담겨 있다는 것을 이해한다.

6 훈련된 마음을 지닌 사람은 모든 거래가 어떤 식으로든 그 거래와 관련 있는 사람 모두에게 이익이 되어야 한다는 점을 알고 있다. 또 다른 사람의 약점이나 무지, 필요를 이용

해 이익을 얻으려는 시도라면 그게 무엇이든 필연적으로 자신에게 불리하게 작용할 거라는 점도 안다.

7   이는 우리가 우주의 일부이기 때문이다. 특정 부분이 다른 부분을 적대시할 수 없다. 각 부분의 행복은 전체의 이익을 어떻게 인식하느냐에 달려 있다.

8   이 원칙을 인지한 사람은 인생을 살아가는 데 큰 이점을 얻는다. 그는 스스로를 지치게 하지 않는다. 쉽게 방황하는 생각을 없앨 수 있다. 또 어떤 주제든 그것에 최대한 높은 수준으로 집중할 수도 있다. 뿐만 아니라 그들은 자신에게 아무 이로움도 없는 대상에 시간이나 돈을 낭비하지 않는다.

9   만약 이러한 일들을 할 수 없다면 지금까지 응당한 노력을 하지 않았기 때문이다. 그러나 지금부터 노력하면 된다. 들인 노력에 결과는 정확히 비례할 것이다. 의지를 강화하고 성취하는 힘을 일깨우기 위해 할 수 있는 가장 강력한 자기 확언 중 하나는 "나는 내가 원하는 대로 될 수 있다."라는 것이다.

10   이 문장을 반복할 때마다 '내'가 누구이고 무엇인지 깨닫자. '나'의 진정한 본질을 완전히 이해하려고 노력하자. 만약 성

공한다면 우리 앞을 막아설 것은 아무것도 없다. 우리의 의도와 목적이 건설적이고, 그래서 우주의 창조적 원리와 조화를 이룬다면 말이다.

11 이 문장을 밤낮으로 사용하고 틈날 때마다 자주 반복하라. 자신의 일부가 될 때까지 반복해서 아예 습관으로 만들어라.

12 이렇게 할 생각이 아니라면 애초에 시작하지 않는 편이 좋다. 현대 심리학에 따르면 우리는 무언가를 시작하고 제대로 끝마치지 않거나 결심해 놓고 지키지 않을 때 실패하는 습관을 얻는다. 그것은 절대적이고 수치스러운 실패이다. 할 생각이 없으면 시작하지 말되, 한번 시작하면 하늘이 무너지는 일이 있어도 끝까지 해내자. 해볼 마음이 있으면 끝까지 하자. 어떤 간섭도 받지 말자. 내면의 '내'가 결심하면 모든 준비는 끝난다. 주사위가 일단 던져졌으니 더 이상의 논쟁은 없다.

13 이렇게 실천하고 통제할 수 있는 작은 것들부터 시작해 점차 노력을 더해가며 어떤 상황에서도 자기 의지를 밀고 나갈 수 있다면 결국 자신을 통제할 수 있다는 걸 깨닫게 된다. 수많은 사람이 한 나라를 다스리는 것보다 자신을 다스리는 게 어렵다는 걸 알고 슬퍼했다.

14 하지만 스스로를 통제하는 법을 배운다면 외부 세계를 통제하는 '내부 세계'를 발견하게 될 것이다. 우리는 누구도 거스를 수 없는 사람이 될 것이며, 우리가 원하는 것이라면 티나게 노력하지 않아도 온 세상이 우리 뜻에 응답할 것이다.

15 '내부 세계'가 '나'에 의해 통제되고 이런 '내'가 보통 신이라 불리는 우주의 무한한 에너지, 영혼의 일부라는 점을 기억한다면 저 일이 그렇게 이상하거나 불가능한 것이 아니다.

16 이는 어떤 관념을 증명하거나 성립하기 위해 만들어진 단순한 이론이나 명제가 아니다. 최고의 종교적 사상과 최고의 과학 사상이 수용한 하나의 사실이다.

17 영국의 사회학자이자 철학자인 허버트 스펜서Herbert Spencer는 다음과 같이 말했다. "우리를 둘러싼 모든 수수께끼 가운데, 모든 것의 근본이 되는 그 무한하고 영원한 에너지가 늘 우리와 함께 존재한다는 것보다 더 확실한 것은 없다."

18 미국의 목사인 라이먼 애벗Lyman Abbott은 뱅고어 신학교에서 한 연설에서 이렇게 말했다. "우리는 신이 외부에서 인간에게 영향을 미치는 게 아니라 인간의 '내면'에 존재하는 것으로 생각하게 되었습니다."

19 과학은 탐구에서 조금 나아갔다가 이내 멈춘다. 과학은 항상 존재하는 영원한 에너지를 찾지만 종교는 이 에너지의 배후에 있는 힘을 찾아 우리의 내면에 있다고 말한다. 하지만 이는 절대 새로운 발견이 아니다. 성경을 보면 정확히 같은 사실을 말하고 있으며 그 사실은 단순하고 설득력이 있다. "너희가 살아 있는 하느님의 성전이라는 것을 모르는가?" 여기에 바로 '내부 세계'가 지닌 놀라운 창조력의 비밀이 있다.

20 이것이 힘과 완성의 비밀이다. 무언가를 극복한다는 건 그것이 없는 상태를 의미하는 게 아니다. 자기 부정은 성공이 아니다. 우리는 얻지 않고서는 줄 수 없다. 또 강하지 않으면 도움이 될 수 없다. 무한한 존재는 파산자가 아니며 그 힘의 대리인인 우리 역시 파산자가 아니다. 다른 사람에게 도움이 되고 싶다면 더 많은 힘이 있어야 하는데, 그 힘을 얻기 위해서는 반드시 주어야 한다. 반드시 봉사를 해야 한다.

21 더 많이 줄수록 더 많이 얻는다. 우리는 우주가 활동할 통로가 되어야 한다. 우주는 끊임없이 자신을 표현하고 누군가에게 도움이 될 방법을 찾으려 노력하고 있다. 가장 좋은 일, 인류에게 가장 큰 도움이 되는 일을 하려 가장 왕성하게 활동할 수 있는 통로를 찾고 있다.

22 우주는 우리가 자신의 계획, 목적으로 정신이 없는 한 우리를 통해 표현할 수 없다. 감각을 고요히 하고 영감을 찾고, 또 내면의 정신 활동에 집중하며 자신이 전능한 존재와 함께임을 의식해야 한다. "고요한 물은 깊기 마련이다." 힘이 존재하지 않는 곳은 없다. 영적으로 접근할 많은 기회에 관해 깊게 생각해보자.

23 이러한 영적 연결고리를 활용해 외부로 발현하는 데 도움이 될 사건과 환경, 조건을 시각화하자. 만물의 본질과 영혼이 영적인 것이며 영적인 것이 실재한다는 사실을 깨닫자. 영혼은 존재하는 모든 것의 생명이다. 영혼이 사라지면 생명도 사라지며 그 주체는 죽는다. 더 이상 존재하지 않는다.

24 이러한 정신적 활동은 원인의 세계, 내부 세계와 관련이 있다. 조건과 상황이 그 결과이다. 그러니 우리는 창조자가 된다. 이는 중요한 일이다. 우리가 더 높고 위대하고 웅장하고 고귀한 이상을 지닐수록 이러한 활동은 더 중요해질 것이다.

25 어떤 종류의 과도한 일, 과도한 놀이, 또 과도한 신체 활동은 무감각한 정신과 정체된 마음 상태를 만들어 내며 그렇게 되면 의식적인 힘을 실체화하는 더 중요한 일을 할 수 없게 된다. 그러니 우리는 자주 침묵을 만들어야 한다. 힘은

평온함에서 비롯된다. 고요함 속에서 우리는 평온할 수 있고 또 생각할 수 있다. 생각은 모든 성취의 비결이다.

26 생각은 하나의 방식이며 빛이나 전기처럼 '진동의 법칙'으로 이루어진다. 우리의 감정은 사랑의 법칙을 통해 생명력을 부여받고 성장의 법칙을 통해 형태와 표현을 만들어 낸다. 생각은 영적인 '나', 신성하고 영적이며 창조적인 본질의 산물이다.

27 그러니 힘이나 풍요, 또는 다른 건설적인 목표를 이루기 위해 감정을 형성해 생각에 느낌을 주어야 한다. 어떻게 해야 할까? 바로 이게 중요하다. 어떻게 하면 우리는 믿음, 용기, 감정을 발전시켜 목표로 한 것을 이뤄낼 수 있을까?

28 연습이 바로 그 대답이다. 마음의 힘은 신체의 힘을 운동을 통해 단련하는 것처럼 정확히 같은 방식으로 길러낼 수 있다. 처음 무언가를 생각할 때는 쉽지 않다. 하지만 같은 것을 다시 생각하면 더 쉬워진다. 그렇게 계속 생각하다 보면 정신적인 습관이 된다. 계속 같은 생각을 하다 보면 마침내 저절로 생각하게 된다. 이제는 그 생각을 하지 않을 수가 없게 되는 것이다. 우리는 그 생각에 자신을 가지고 의심하지 않으며 확신한다. 알게 된다.

29 지난번에는 긴장을 풀고 몸을 이완하라고 했다. 이번에는 정신적인 이완이 필요하다. 만약 지난번 연습을 지침에 따라 하루에 15분에서 20분 정도 수행했다면 분명 신체적으로 긴장을 풀 수 있었을 것이다. 의식적으로 이것을 빠르고 완벽하게 해낼 수 없다면 스스로를 통제하는 주인일 수 없다. 자유를 얻지 못했고 여전히 주어진 상황의 노예일 것이다. 하지만 나는 우리가 그 연습을 완전히 익혀 다음 단계인 마음의 자유를 손에 넣을 준비가 되었다고 생각하겠다.

30 이번에는 평소처럼 자세를 잡은 뒤 완전한 이완 상태에 들어가 모든 긴장을 풀고, 증오나 분노, 걱정, 질투, 시기, 슬픔, 문젯거리, 실망 등을 모두 마음에서 놓아버리자.

31 이것들을 '놓을 수가 없다'라고 말할지 모른다. 하지만 할 수 있다. 마음속으로 그렇게 하기로 결심하고 자발적인 의지와 끈기를 가지고 그렇게 할 수 있다.

32 이것을 할 수 없다면 이유는 이성이 아닌 감정에 따라가도록 스스로를 내버려 두기 때문이다. 하지만 이성을 따라가는 사람은 승리할 것이다. 처음 시도할 때는 성공하지 못하겠지만 훈련을 통해 완벽하게 할 수 있다. 다른 모든 것들과 마찬가지로 우리는 이 부정적이고 파괴적인 생각을 완벽히

지우고 없애는 데 성공할 것이다. 이런 생각들은 상상할 수 있는 모든 조화롭지 않은 상황을 한없이 싹트게 하는 씨앗이기 때문이다.

우리가 하는 생각이 외부 세계의 특정 부분과
연관되는 것이 사실이며 부인할 수 없는 진리이다.
그리고 이 법칙, 즉 생각과 대상의 상관관계가
아주 오래전부터 사람들로 하여금
특별한 섭리를 믿게 만들었다.

— 윌먼스Wilmans

다섯 번째 마스터키

우리의 현재는 과거의 결과이다

1   정신 작용의 적어도 90퍼센트는 잠재의식의 활동이어서, 이 힘을 활용하지 못하는 사람들은 아주 제한된 세계에서 사는 셈이다.

2   잠재의식을 어떻게 활용할 것인지 알면 어떤 문제도 해결할 수 있고 또 해결할 것이다. 잠재의식은 항상 작용한다. 문제는 우리가 단순히 수동적으로 잠재의식의 작용을 받을 것인지, 아니면 스스로의 의지로 잠재의식이 어떻게 작용할지 지시할 것인가이다. 도달할 목적지와 피해야 할 위험에

관한 비전을 가질 것인가, 아니면 그저 표류할 것인가?

3   우리는 잠재의식이 육체의 모든 부분에 퍼져 있고 항상 외
부 세계나 지배적인 마음에서 오는 권위에 따르거나 그 인
상을 받아들일 수 있다는 점을 깨달았다.

4   육체에 퍼져 있는 마음은 대체로 유전의 결과이며, 유전은
모든 지나간 세대의 환경이 늘 움직이며 반응하는 생명의
힘에 작용한 결과이다. 이를 이해하면 바람직하지 않는 성
향이 나타날 때 우리의 권위를 활용할 수 있다.

5   우리는 지니고 있는 모든 바람직한 특성을 의식적으로 활
용할 수 있으며, 또한 바람직하지 않은 특성의 발현을 억제
하거나 거부할 수 있다.

6   또 우리 육체에 가득 퍼진 이 마음은 유전적 성향의 경과일
뿐 아니라, 수없이 많은 인상과 아이디어, 선입견 및 유사한
생각을 제공한 가정과 직업, 그리고 사회 현상의 결과이다.
이 중 많은 부분이 다른 사람에게서 전해진 의견과 제안, 이
야기의 결과이다. 또 이 중 많은 부분이 스스로 생각한 결과
이기도 하다. 하지만 거의 모든 것이 깊이 생각하거나 검토
되지 않고 받아들여졌다.

7 　그럴듯한 생각은 의식적으로 받아들여 잠재의식으로 전달
　　되며, 이는 교감 신경계에 의해 신체의 구성 부분, 즉 세포
　　가 된다. "말씀이 살이 되었다."라는 말이 바로 이 뜻이다.

8 　이것이 우리가 끊임없이 자신을 창조하고 재창조하는 방식
　　이다. 오늘의 우리는 과거에 했던 생각의 결과이다. 끌어당
　　김의 법칙은 우리가 바라는 것, 다른 사람이 가지고 있는 것
　　이 아닌 '우리의 것'을 가져다준다. 그것들은 의식적이든 무
　　의식적이든 생각에 의해 우리가 스스로 창조한 것들이다.
　　안타깝게도 많은 사람이 무의식적으로 창조하고 있다.

9 　집을 지을 때 얼마나 신중한 계획을 세우는가. 온갖 세부 사
　　항을 꼼꼼히 살피고 재료를 조사해 가장 좋은 것만 고르지
　　않겠는가. 하지만 그 어떤 물질적인 집보다 훨씬 더 중요한
　　마음의 집을 짓는데 우리의 태도는 정말 부주의하다. 인생
　　에서 경험하는 모든 부분은 마음의 집이라는 건축물을 지
　　을 때 쓰는 재료의 특성에 달려 있는데도 그렇다.

10 　이 재료의 특성은 무엇일까? 우리는 이 특성이 과거에 잠재
　　의식에 쌓아 저장한 인상의 결과라는 것을 깨달았다. 그것
　　들이 두려움과 걱정, 불안이었다면, 또 실망하고 부정하고
　　의심하는 생각이었다면 오늘날 우리가 짜나가는 재료도 똑

같이 부정적인 재료일 것이다. 그것은 아무런 가치도 없고 곰팡이가 피고 썩어 우리에게 더 많은 수고로움과 근심, 걱정을 안길 뿐이다. 또 우리는 그것을 고치고, 적어도 괜찮게 보이려고 영원히 분주할 것이다.

11 하지만 만약 용기 있는 생각만 저장했다면, 낙관적이고 긍정적이었고 부정적인 것은 뭐든 쓰레기 더미에 던졌다면, 또 그것과 관련되기를 거부했다면, 어떤 식으로든 그것과 이어지거나 하나가 되기를 거부했다면 결과는 어떻게 되었을까? 우리 마음의 재료는 지금 최고 수준일 것이다. 원하는 것이라면 뭐든 만들 수 있고 어떤 색이든 활용할 수 있을 것이다. 우리는 그 재료가 단단하고 견고하며 색이 바래는 일이 없으리라는 걸 알고 있다. 미래에 대한 걱정도, 두려움도 없어졌을 것이다. 또 가릴 것도, 숨길 것도 없었을 것이다.

12 이것은 심리학적인 사실이다. 이 사고 과정에 관한 이론이나 추측은 아무것도 없다. 비밀도 없다. 사실 매우 명확한 것이라 모든 사람이 이해할 수 있다. 우리가 할 일은 마음의 집 청소를 매일 같이 하고 집안을 깨끗하게 유지하는 것이다. 정신적, 도덕적, 그리고 육체적 청결은 어떤 것이든 발전해 나가기 위해서 절대적으로 필요하다.

13 이 정신적인 집 청소 과정이 끝나면 그다음에 남는 재료는 우리가 실현하고자 하는 이상이나 정신적인 이미지를 만들기에 적합하다.

14 주인을 기다리고 있는 훌륭한 부동산이 하나 있다고 가정하자. 풍요로운 농작물과 넉넉하게 흐르는 물, 질 좋은 목재가 있는 광활한 대지가 끝도 없이 펼쳐져 있다. 넓은 저택에는 희귀한 그림과 잘 갖춰진 서재, 값비싼 벽걸이와 사치품, 온갖 편의 시설들이 있다. 주인이 할 일은 그저 자신이 주인이라 주장하고 소유한 뒤 잘 사용하기만 하면 된다. 주인은 반드시 그것을 사용해야 한다. 썩게 내버려 두어서는 안 된다. 쓰는 조건으로 소유하는 것이기 때문이다. 방치한다면 소유권을 잃는 것이다.

15 마음과 영혼의 영역, 실질적인 힘의 영역에 우리를 위한 그러한 땅이 존재한다. 우리가 그 땅의 주인이다! 우리는 그 땅의 소유권을 주장하고 그 풍부한 유산을 소유해 사용할 수 있다. 환경을 다스리는 힘은 그곳에서 열리는 열매 중 하나이며 건강과 조화 및 번영은 대차대조표에 기록된 자산이다. 그것은 우리에게 평온과 평화를 안겨준다. 우리는 그저 그곳의 훌륭한 자원을 연구하고 수확하는 데 힘쓰기만 하면 된다. 희생할 필요는 없다. 단지 우리의 한계, 비굴함

과 약점을 잃어버릴 뿐이다. 그것은 우리에게 자기 존중의 옷을 입혀주며 손에 왕의 증표를 쥐여준다.

16 이 재산을 얻기 위해서는 세 가지 과정이 필요하다. 우리는 진실한 마음으로 그것을 원해야 한다. 또 소유권을 주장해야 한다. 그리고 반드시 소유해야 한다.

17 당신은 이것이 부담스러운 조건이 아니라는 걸 인정할 것이다.

18 우리는 유전에 관한 많은 이야기를 들어와 이미 익숙하다. 다윈Darwin, 헉슬리Huxley, 헤켈Haeckel, 그리고 다른 과학자들은 유전이 점진적인 창조에 동반하는 방법이라는 증거를 산더미처럼 찾아냈다. 인간에게 직립 보행과 움직일 힘, 소화 기관과 혈액 순환, 신경과 근육의 힘, 뼈의 구조 및 다른 신체적 기능을 제공하는 것이 바로 점진적인 유전이다. 마음의 힘의 유전과 관련해서는 더 인상적인 사실이 있다. 바로 이 모두가 인간유전의 일부라는 점이다.

19 하지만 과학자들이 이해하지 못한 유전이 있다. 그것은 이뤄진 모든 연구 이전부터 존재한 것으로, 깊숙이 감춰져 있었다. 많은 과학자가 절망하며 자신이 본 것을 설명할 수 없

다고 두 손을 들어버리는 순간, 이 성스러운 유전이 온전하게 발견된다.

20 그것은 창조를 선언하는 신성한 힘이다. 그것은 신으로부터 모든 창조물에게 직접적으로 흘러내린다. 과학자가 절대 할 수도 없는 일이며 생명의 시작을 만들어 낸다. 이 힘은 모든 힘 중에 가장 훌륭하고 접근하기 힘들 정도로 무적의 힘이다. 인간의 어떤 유전도 이 힘에 근접할 수 없다. 인간의 어떤 유전도 이에 미치지 못한다.

21 이 무한한 생명은 우리를 통해 흐른다. 바로 우리 자신이다. 우리의 의식을 구성하는 기능이 생명이 흐르는 바로 그 문이다. 그리고 이 문을 계속 열어두는 것이 힘의 비결이다. 분명 노력해 볼 가치가 있다.

22 위대한 사실은 바로 모든 생명과 힘의 원천이 내부에서 나온다는 것이다. 사람과 환경, 사건들은 필요와 기회를 제시할 수 있지만 이러한 필요에 답할 수 있는 통찰력과 힘, 능력은 내부에서 찾을 수 있다.

23 가짜를 피하라. 무한한 근원에서 직접 흐르는 힘 위에 확고한 의식의 토대를 만들어라. 무한한 원천은 그 형태를 바탕

으로 우리를 만들어 낸 우주의 마음이다.

24 이 유산을 갖게 된 사람들은 다시는 예전 같을 수 없다. 그 사람들은 지금까지 꿈꾸지 못했던 힘을 갖게 된다. 그들은 다시는 소심해지거나 약해지거나, 또 불안해하거나 두려워하지 않는다. 그들은 전능한 힘과 떼려야 뗄 수 없는 관계를 맺는다. 그들 안의 무언가가 자극을 받고 깨어난다. 그들은 갑자기 여태껏 완전히 의식하지 못한 엄청난 자신의 잠재력을 발견한다.

25 이 힘은 내부에서 오는 것이지만 먼저 주지 않으면 받을 수 없다. 우리는 이 힘을 사용한다는 조건으로 유산을 소유한다. 우리는 각자가 전능한 힘이 다른 형태로 나타나는 개별적인 통로이다. 우리가 주지 않는 한 그 통로는 막혀 더 이상 받을 수 없게 된다. 이는 모든 존재와 노력이 필요한 분야, 삶의 영역에서 늘 진실이다. 더 많이 줄수록 더 많이 얻을 수 있다. 강해지고 싶은 운동선수는 자신이 가진 힘을 활용해야 한다. 더 많이 사용할수록 더 많이 얻기 때문이다. 돈을 벌고자 하는 자산가는 자신이 가진 돈을 써야 한다. 그래야 더 많은 것을 얻을 수 있다.

26 외부에 상품을 팔지 않는 상인에게는 오래 지나지 않아 아

무 물건도 들어오지 않는다. 마찬가지로 효율적인 서비스를 제공하지 못하는 회사의 고객은 곧 줄어든다. 결과를 내지 못하는 변호사에게는 의뢰인의 발걸음이 끊길 것이다. 다른 분야도 마찬가지이다. 힘은 이미 우리가 소유하고 있는 힘을 어떻게 적절히 사용하느냐에 달려있다. 이것은 모든 삶의 분야에서 진실이다. 우리에게 알려진 모든 힘, 영적인 힘을 얻는 경우에도 동일하다. 영혼을 빼내면 남는 것이 무엇인가? 아무것도 없다.

27 만약 영혼이 존재의 전부라면, 이 사실을 반드시 인지할 때 육체적이든 정신적이든 영적이든 모든 힘을 보여줄 능력을 얻는다.

28 모든 소유는 축적하려는 마음의 태도, 즉 돈에 대한 의식에서 비롯된다. 이는 우리에게 아이디어를 생각나게 하는 마법의 지팡이이며 실행해야 할 계획을 세워준다. 우리는 성취와 성공에서 오는 만족감뿐 아니라 과정에서도 그만큼의 기쁨을 느낄 수 있다.

29 이제 방으로 가 전과 같은 자리에서 같은 자세를 취해보자. 그리고 마음속으로 즐겁게 느껴지는 장소를 떠올리자. 건물과 땅, 나무, 친구, 아는 사람 등 모든 것을 완벽하게 머릿

속에 그려보자. 처음에는 정작 집중하고 싶은 대상은 떠오르지 않고 그를 제외한 나머지 모든 것이 떠오를 것이다. 하지만 절대 실망하지 마라. 끈기는 결국 승리한다.

오늘의 우리는 과거에 했던 생각의 결과이다.
끌어당김의 법칙은 우리가 바라는 것,
다른 사람이 가지고 있는 것이 아닌
'우리의 것'을 가져다준다.

— 찰스 해낼

생각이 활용되는 메커니즘을 알라

1 우주의 마음은 참으로 훌륭해서 그 실용적인 힘과 가능성,
   그리고 무한한 생산력을 이해하기 어렵다.

2 우리는 이 마음이 절대적인 지혜에 해당될 뿐 아니라 절대
   적인 원료에 해당한다는 것을 알았다. 그렇다면 이 마음은
   어떻게 서로 다른 형태로 나눠지는 것일까? 우리가 원하는
   효과는 어떻게 하면 얻을 수 있을까?

3 전기 기술자에게 전기의 효과가 무엇인지 물어보면 그는

"전기는 움직임의 한 형태이며 적용하는 메커니즘에 따라 그 영향이 달라집니다."라고 대답할 것이다. 이 메커니즘에 따라 우리는 열이나 빛, 전력, 음악, 혹은 다른 놀라운 힘들을 얻는다.

4   생각으로는 어떤 효과를 낼 수 있을까? 답은 바로 생각이 움직이는 마음(바람이 공기를 움직이듯)이고 그 효과는 전적으로 '생각이 활용되는 메커니즘'에 달려 있다.

5   여기에 마음의 힘이 지닌 모든 비밀이 있다. 그 힘은 전적으로 우리가 활용하는 메커니즘에 달려 있다.

6   이 메커니즘은 무엇일까? 에디슨이나 벨, 마르코니, 그밖에 다른 전기의 마법사들이 발명한 메커니즘에 관해 알고 있을 것이다. 그 메커니즘 덕분에 장소와 공간, 시간을 가뿐히 극복할 수 있었다. 하지만 에디슨보다 더 위대한 발명가가 전능한 우주의 마음이자 잠재된 힘을 변화시킬 메커니즘을 발명해 안겨주었다고 생각해 본 적은 없는가?

7   우리는 흙을 갈기 위해 사용하는 도구의 메커니즘을 파악하는 데 익숙하며 운전하는 자동차의 메커니즘을 이해하려고 노력하지만, 대부분 지금까지 존재한 것 중에 가장 위대

한 메커니즘, 인간의 뇌에 관해서는 아는 것이 전혀 없는 데도 만족하며 살아간다.

8 이 놀라운 메커니즘을 자세히 살펴보자. 그러면 이것이 원인이 되어 일어나는 다양한 효과에 관해 더 잘 이해할 수 있을 것이다.

9 첫째, 우리가 살고 움직이고 존재하기 위한 위대한 마음의 세계가 있다. 이 세계는 전지전능하다. 그것은 우리의 목적과 믿음에 정비례하며 우리의 소망에 응답할 것이다. 목적은 우리 본질의 법칙에 따라야 한다. 즉 창조적이거나 건설적이어야 한다. 우리의 믿음은 목적을 구체화하기에 충분한 힘의 흐름을 만들어 낼 정도로 강력해야 한다. "믿는 대로 얻으리라." 과학적인 검증을 통해 탄생한 말이다.

10 외부 세계에서 생성된 결과는 개인의 마음과 우주의 마음 사이에 교류된 작용과 반작용의 결과이다. 우리는 이 과정을 '생각하기'라고 부른다. 뇌는 이 과정이 이루어지는 기관이다. 그 모든 경이로움을 생각해 보자! 음악과 꽃과 문학, 예술을 사랑하는가? 아니면 고대나 현대의 천재들의 생각에서 영감을 받는가? 기억하자. 우리가 반응하는 모든 아름다움은 우리 뇌에 그에 해당하는 개념이 있어야 감상할 수

있다.

11 자연이라는 창고에 우리 뇌가 표현할 수 없는 가치나 원리는 하나도 없다. 뇌는 필요하다면 언제든지 발달할 준비가 되어 있는 미발달 세계이다. 만약 이것이 과학적 진실이며 자연의 놀라운 법칙 중 하나라는 것을 이해한다면 이런 놀라운 결과가 이루어지는 메커니즘을 더 쉽게 이해할 수 있다.

12 신경계와 정보 전달을 담당하는 신경섬유인 백질white matter 은 각각 전력이 발생하는 전기 회로와 전류가 전달되는 절연선에 비유되어 왔다. 모든 자극과 욕망은 이러한 통로를 거쳐 전달된다.

13 척수는 뇌와 메시지를 서로 주고받는 위대한 '운동과 감각의 통로'이다. 정맥과 동맥을 통과하며 우리에게 에너지와 힘을 전하는 혈액은 완벽한 구조를 통해 몸 전체에 퍼져 나간다. 마지막으로 섬세하고 아름다운 피부는 전체 메커니즘을 아름답게 덮어준다.

14 이것이 바로 '살아 있는 하느님의 성전'이며, 각각의 '나'에게 그것을 통제할 통제권이 주어진다. 이 메커니즘에 대한 각자의 이해도에 따라 결과가 달라진다.

15 모든 뇌세포는 생각을 통해 활동한다. 처음에 생각을 지시받은 물질은 반응하지 않는다. 하지만 생각이 충분히 정제되고 집중된다면 마침내 그 물질은 굴복하고 생각을 완벽하게 표현할 것이다.

16 마음의 이러한 영향은 신체의 어떤 부위에도 작용할 수 있으며, 바람직하지 못한 결과를 미리 없앨 수 있다.

17 마음의 시계를 지배하는 법칙에 대한 완벽한 이해는 분별력을 발달시킨다. 사실을 더 정확하게 이해할 수 있게 하기 때문에 이것은 헤아릴 수 없는 가치를 지닌다.

18 외부가 아닌 내부를 바라보는 사람은 결국 삶의 진로를 결정하는 강력한 힘을 활용한다. 그 결과 가장 강하고, 바람직하고, 좋은 모든 것과 접촉하게 된다.

19 주의력과 집중력은 아마 마음을 풍요롭게 만드는 데 있어 가장 중요한 필수 요소일 것이다. 주의력을 적절하게 사용할 때의 가능성은 너무 놀라워서 초심자는 거의 믿지 못할 정도이다. 뛰어난 주의력은 모든 성공한 사람들이 다른 사람과 구별되는 특징이며 이는 우리가 이룰 수 있는 가장 높은 성취이기도 하다.

20 이런 주의력은 태양 빛을 모으는 돋보기와 비유할 때 더 쉽게 이해할 수 있다. 돋보기가 이리저리 움직이고 태양 빛이 여기저기 분산된다면 특별한 힘이 나오지 않는다. 하지만 돋보기를 확실히 고정하고 태양 빛을 한곳에 집중한다면 시간이 흐름에 따라 그 효과가 즉시 명백해진다.

21 다시 생각의 힘을 떠올려 보자. 여기저기 생각을 흐트러뜨려 힘을 분산하면 명확한 결과는 나오지 않는다. 주의력과 집중력을 통해 이 힘을 하나의 목적에 일정 시간 동안 집중해 보자. 하지 못할 일은 아무것도 없을 것이다.

22 정말 복잡한 상황을 너무 간단히 해결한다고 말하는 사람도 있을 것이다. 좋다. 해보면 알 수 있다. 확실한 목적이나 대상에 생각을 집중한 경험이 없는 사람들에게 전한다. 어떤 대상이든 하나만 골라 10분 만이라도 확실한 목적을 위해 집중해 보라. 처음엔 잘되지 않을 것이다. 마음이 수십 번 방황해 원래 목적으로 다시 돌아가야 할 것이다. 그때마다 효과는 사라져 정한 10분이 다 끝나면 아무것도 얻지 못할 것이다. 자기 생각을 꾸준히 유지하지 못했기 때문이다.

23 그러나 주의력을 활용하면 우리 앞에 나타나는 어떤 장애물도 극복할 수 있다. 이 놀라운 힘을 얻는 유일한 방법은 연

습이다. 연습은 다른 분야에처럼 여기서도 완벽을 만든다.

24 주의력을 키우기 위해 이전과 같은 방에 같은 자세로 앉자. 단, 이번에는 사진을 한 장 준비한다. 적어도 10분 동안 사진을 자세히 살펴보고 사진 속 눈의 표정과 보이는 외모의 특징, 옷과 머리 모양을 유심히 살피자. 사실, 사진에 나타난 모든 세부 사항을 주의 깊게 눈에 담아야 한다. 이제 사진을 덮고 눈을 감은 다음 마음속으로 사진을 떠올려 보자. 만일 모든 세부 사항을 완벽하게 떠올리고 마음속으로 훌륭하게 이미지를 떠올릴 수 있다면 축하받아야 마땅하다. 그러지 못했다면 할 수 있을 때까지 이 과정을 반복하자.

25 이 단계는 단순히 토양을 준비하기 위한 것이다. 이다음에는 씨앗을 뿌릴 준비를 하자.

26 이러한 연습을 통해 우리는 마침내 자신의 마음 상태와 태도, 의식을 통제할 수 있다.

27 위대한 자본가들은 점점 더 대중에게서 물러나는 법을 배우고 있다. 그렇게 그들은 계획과 생각에 필요한 시간, 올바른 마음 상태를 갖추기 위한 시간을 더 확보한다.

28 성공한 사업가들은 다른 성공한 사업가들과 교류하는 것이
    이득이라는 사실을 끊임없이 증명하고 있다.

29 하나의 아이디어에 수백만 달러의 가치가 있을 수 있다. 그
    리고 이 아이디어는 이를 수용할 수 있고 수용할 준비가 되
    어 있으며, 또 성공할 수 있는 마음 상태를 지닌 사람들에게
    만 떠오른다.

30 인간은 우주의 마음과 조화를 이루는 법을 배우고 있다. 우
    리는 만물이 하나임을 깨우치고 있다. 생각의 기본적인 원
    리와 방법을 익히고 있으며 이를 통해 조건이 바뀌고 결과
    가 몇 배로 늘어난다.

31 우리는 또한 상황과 환경이 정신적이고 영적인 진보를 따
    른다는 점을 발견하고 있다. 성장은 지식을 따르고 행동은
    영감을 따르며 기회는 인식을 따른다. 항상 영적인 것이 우
    선이고 그다음에 무한하고 제한할 수 없는 성취의 가능성
    이 뒤따른다.

32 개인은 우주가 차별화되어 나타나기 위한 통로에 불과하기
    때문에 이러한 가능성은 절대 끊이지 않는다.

33 생각은 우리가 힘의 혼을 빨아들이고 그것이 평소 의식의 일부분이 될 때까지 내부 의식에 그 결과를 고정하는 과정이다. 앞서 설명한 것처럼 몇 가지 기본 원칙을 꾸준히 실천해서 이런 결과를 이뤄내는 것이 보편적인 진리의 창고를 여는 열쇠일 것이다.

34 현재 우리가 겪고 있는 커다란 고통 두 가지는 바로 신체의 질병과 마음의 병이다. 이것들이 일부 자연의 법칙을 위반한 결과라는 걸 쉽게 추론할 수 있다. 현재까지 지식이 불완전하게 남아 있던 것이 그 이유이다. 하지만 오랜 세월에 걸쳐 쌓인 어둠의 구름이 흩어지기 시작했고 불완전한 정보로 인한 많은 불행 또한 사라지고 있다.

인간이 스스로 변화하고, 자신을 바꾸고,
다시 창조하고, 환경을 통제하고,
운명을 다스릴 수 있다는 건
바른 생각을 건설적으로 수행할 때 생긴
힘에 눈뜬 사람들이 모두 내린 결론이다.

— 라슨Larsen

시각화하고, 물질화하라

1 시각화Visualization는 마음의 이미지를 그리는 과정이고, 이미지는 우리 미래가 나타날 때 일종의 패턴 역할을 할 틀, 또는 모델이다.

2 패턴을 명확하고 아름답게 만들자. 두려워하지 말고 대범하게 만들자. 우리 자신 말고는 다른 누구도 우리에게 제한을 둘 수 없다는 걸 기억하라. 우리는 비용과 물질의 제한을 받지 않는다. 공급은 무한의 존재에 의지하고 상상 속에서 패턴을 구성한다. 다른 곳에 나타나기 전에 상상 속에 존재해

야 한다.

3   이미지를 선명하고 깨끗하게 그려 마음속에 굳게 간직하면
    점점 더 그것이 우리에게 가까이 다가올 것이다. 우리는 되
    고 싶은 존재가 될 수 있다.

4   이것은 잘 알려진 또 다른 심리학적 사실이지만 안타깝게
    도 이 사실을 알기만 해서는 바라는 어떤 결과도 이루어지
    지 않는다. 마음의 이미지를 형성하는 데도 도움이 되지 않
    으니, 실현하는 것에 도움이 될 리 없다. 힘든 정신적 노동
    과 소수의 사람만 기꺼이 하려 하는 노력이 필요하다.

5   첫 번째 단계는 이상화idealization이다. 이는 매우 중요한 과
    정이다. 우리가 건물을 지을 때 필요한 설계도이기 때문이
    다. 견고하고 영구적이어야 한다. 건축가는 30층짜리 건물
    을 설계할 때 필요한 모든 선과 세부 사항을 미리 그려 놓
    는다. 기술자는 강에 놓을 다리를 짓기 전에 먼저 수백 개의
    부품이 지탱할 힘의 강도부터 확인한다.

6   그들은 처음 한 걸음을 내딛기 전에 마지막을 생각한다. 그
    러니 우리도 원하는 것을 마음속에 그리자. 씨앗을 뿌리고
    있지만 그 씨앗으로 무엇을 수확할지 알아야 한다. 이것이

바로 '이상화'이다. 확실하지 않다면 분명하게 그려질 때까지 매일 같은 의자에 앉아 생각하자. 점차 그려질 것이다. 처음에는 희미하게 보이겠지만 형태가 잡히고 그다음에는 윤곽이 드러날 것이다. 그리고 마침내 외부 세계에서 실현될 계획을 세울 힘을 조금씩 키워나갈 수 있을 것이다. 그렇게 우리는 우리 미래가 어떤 모습일지 알게 된다.

7 그다음이 시각화 과정이다. 이 과정에서는 세부 사항을 포함하는 등, 그림을 더 완벽하게 만들어야 한다. 그리고 세부 사항이 구체적으로 전개되기 시작하면서 구체화할 때 필요한 수단과 방법이 발전한다. 하나가 또 다른 하나로 이어지는 것이다. 생각은 행동으로 이어지고 행동은 방법을 만들어 내며, 또 방법은 친구를 찾아내고 친구는 상황을 가져올 것이며, 그렇게 마지막 단계인 물질화Materialization가 이루어진다.

8 우리는 모두 우주가 물질로 나타나기 전에 생각의 형태로 존재했으리라는 걸 알고 있다. 그리고 만약 우리가 우주의 위대한 건축가의 노선을 따라가려 한다면 우주가 구체적인 형태를 취했듯 우리 생각도 형태를 취해야 한다는 점도 알게 될 것이다. 우주의 마음은 개인의 마음과 같다. 바탕이나 본질에는 아무런 차이가 없으며 단지 정도 차이만 있을 뿐

이다.

9   건축가는 자신이 지을 건물을 시각화하고 원하는 대로 그
     모습을 그려본다. 그의 생각은 결국 높든지 낮든지, 또 화려
     할지 평범할지 그 건물의 최종 형태를 결정하게 된다. 그의
     영상은 종이 위에서 형태를 갖춘 다음, 필요한 재료를 통해
     건물로 완성된다.

10   발명가도 자기 아이디어를 정확히 같은 방식으로 시각화한
     다. 가장 위대한 발명가 중 한 명으로 꼽히는 미국의 발명가
     이자 연구가 니콜라 테슬라Nikola Tesla는 가장 뛰어나고 놀
     라운 것들을 만들어 낸 사람이다. 그는 항상 자신의 발명품
     을 시각화한 뒤 만들어 내곤 했다. 그는 성급하게 그것들을
     형태로 구현하려 행동해서 부족한 부분을 고치느라 시간
     을 허비하지 않았다. 상상 속에서 먼저 아이디어를 구상한
     뒤 마음의 그림으로 지니고 있다가 재구성하고 고쳐나갔다.
     《전기 실험가Electrical Experimenter》라는 책에서 그는 이렇게
     말했다. "이런 식으로 나는 아무것도 건드리지 않고 빠르게
     개념을 발전시켜 완성할 수 있었다. 가능한 모든 개선점을
     고쳐내고, 아무 문제도 없으면 머릿속의 그 작품을 실제로
     구현했다. 그렇게 만든 작품은 늘 내가 생각한 대로 작동했
     다. 20년간 단 한 번의 예외도 없었다."

11 만약 이러한 지침을 열심히 따를 수 있다면 '희망하는 것의 실체이며 보이지 않는 것의 증거'인 믿음을 발전시킬 수 있다. 인내와 용기로 이어지는 자신감도 키워나갈 수 있다. 달성하고자 하는 목적과 관련 없는 것들을 배제할 집중력도 계발할 수 있을 것이다.

12 생각은 형태로 나타난다. 자기 생각을 할 수 있는 사람만이 대가의 자리를 차지하고 권위 있게 이야기할 수 있다.

13 이미지를 반복적으로 그려야 명쾌함과 정확함을 얻을 수 있다. 각각의 반복 동작이 이미지를 전보다 더 명확하고 정확하게 표현하며, 그 이미지의 선명도와 명확도에 따라 외부로 표현되는 것도 달라진다. 우리는 외부 세계에서 이미지가 구현되기 전에 우리 마음의 세계, 내부 세계에서 이미지를 견고하게 만들어야 한다. 적절한 재료가 없는 한 마음의 세계에서도 가치 있는 것을 만들 수 없다. 재료가 있을 때는 무엇이든 원하는 것을 만들 수 있으니 재료를 확인하자. 조악한 천으로는 멋진 드레스를 만들 수 없다.

14 수백만 명의 조용한 마음의 일꾼들이 이 재료를 가지고 우리가 생각하는 이미지를 만들어 낸다.

15　생각해 보자! 우리에게는 5백만 명 이상의 마음의 일꾼들이 준비되어 있고 또 그들을 활용할 힘이 있다. 뇌세포라고도 불리는 그들 말고도 최소한 같은 수의 예비 인력이 필요하다면 바로 움직일 태세를 갖추고 있다. 우리의 생각하는 힘은 거의 무한하다. 이는 원하는 어떤 환경을 스스로 만드는데 필요한 물질을 만드는 우리의 힘 또한 사실상 무한하다는 것을 의미한다.

16　이 수백만 명의 마음의 일꾼 말고도 우리 몸에는 수십억 명의 다른 일꾼들, 즉 세포가 있다. 그들은 주어진 메시지나 지시를 이해하고 행동할 정도의 충분한 지능을 지니고 있다. 이 세포들은 모두 몸을 창조하고 재창조하느라 분주하지만, 그밖에도 완벽한 발달에 필요한 재료를 스스로에게 끌어당기는 정신 활동을 할 수 있다.

17　그들은 모든 생명체가 성장에 필요한 물질을 스스로 끌어당기는 것과 같은 방식과 법칙으로 일한다. 떡갈나무나 장미, 백합 등 이런 모든 것들은 가장 완벽히 자신을 표현하기 위해 특정한 물질을 필요로 한다. 그리고 그들은 가장 완벽한 발달에 필요한 것을 확보하기 위한 가장 확실한 방법인 조용한 요구, 즉 끌어당김의 법칙으로 그것을 확보한다.

18 마음의 이미지를 그리자. 분명하고 명확하고 완벽하게 그리자. 그리고 굳게 간직하자. 방법과 수단이 생길 것이다. 공급은 수요를 따라간다. 우리는 적절한 시간과 올바른 방법으로 제대로 된 일을 하게 될 것이다. 간절한 욕망은 확신에 찬 기대를 가져다줄 것이고 이는 다시 확고한 요구에 의해 강화되어야 한다. 이 세 가지는 반드시 성취를 가져온다. 왜냐하면 간절한 욕망은 마음이고 확신에 찬 기대는 생각이며 확고한 요구는 의지이기 때문이다. 전에 깨달은 것처럼 감정은 생각에 생명력을 주고 성장의 법칙이 생각을 현실화할 때까지 의지가 힘을 내 생각을 흔들리지 않게 유지해 줄 것이다.

19 인간이 내부에 이처럼 엄청난 힘을 가지고 있고, 인식하지 못했던 초월적인 능력을 지녔다는 점이 놀랍지 않은가? 항상 '외부'에서 힘과 능력을 찾으라고 배웠다는 게 이상하지 않은가? 우리는 '내부'를 제외한 모든 곳에서 그것을 찾으라고 배웠고, 이 힘이 우리 삶에 나타날 때마다 그것이 초자연적이라는 말을 들었다.

20 이 놀라운 힘을 이해하고 건강과 힘, 그리고 다른 조건들을 실현하기 위해 진지하게 애를 쓰다 실패하는 사람이 많다. 그들은 법칙을 실제로 적용하는 법을 알지 못하는 것 같다.

대부분의 경우, 문제는 그들이 외부에 힘을 쓰고 있다는 것이다. 그들은 돈과 힘, 건강과 풍요를 원하지만 정작 그것들이 결과이며 그 원인을 찾아내야만 다가오는 것임을 깨닫지 못한다.

21 외부 세계에 관심을 두지 않는 사람들은 "오직 진리를 확인하기 위해 지혜를 찾으려 한다. 그럼으로써 지혜가 모든 힘의 근원을 드러낼 것이며 원하는 외부 조건을 만들어 내겠다는 생각과 목적에 이 지혜가 드러나는 것을 깨닫게 된다. 이 진리는 숭고한 목적과 용기 있는 행동으로 표현될 것이다."

22 이상만을 창조하고 외부 조건을 생각하지 마라. 내부 세계를 아름답고 풍요롭게 만들면 외부 세계는 우리가 만든 조건을 표현하고 드러낸다. 우리는 이상을 창조하는 자신의 힘을 깨달을 것이고 이러한 이상은 실질적인 세상에 투영되어 나타날 것이다.

23 예를 들어, 빚이 있는 사람이 있다. 그는 계속해서 빚 걱정을 하고 빚에 온 신경을 집중한다. 그 생각이 원인이 되기 때문에 결과적으로 빚에서 헤어 나오지 못하고 실제로 더 많은 빚을 지게 된다. 그는 끌어당김의 법칙을 작동시켰다. 그래서 손실이 더 큰 손실로 이어진다는 일반적이고 필연

적인 결과를 냈다.

24   그렇다면 올바른 방법은 무엇일까? 원하지 않는 것이 아닌 원하는 것에 집중하자. 풍요를 생각하자. 풍요의 법칙을 실행에 옮길 방법과 계획을 이상화하자. 풍요의 법칙이 만들어 내는 상황을 시각화하자. 이렇게 하면 실현될 것이다.

25   만약 법칙이 완벽히 작동한다면, 결핍과 두려움을 지속적으로 생각하는 사람들에게 가난과 결핍, 그리고 다른 모든 제약을 가져다준다면, 용기와 힘을 생각하는 사람들에게는 분명 풍요와 부를 가져다줄 것이다.

26   이것은 많은 사람에게 어려운 문제이다. 우리는 너무 불안해한다. 불안과 두려움, 괴로움이 현실로 드러난다. 우리는 무언가를 하고 싶어 한다. 돕고 싶어 한다. 우리는 마치 막 씨앗을 심어 놓고 15분에 한 번씩 씨앗이 잘 자라고 있는지 보려고 흙을 휘젓는 아이 같다. 물론 그런 상황에서 씨앗은 절대로 싹트지 않는다. 하지만 바로 이것이 많은 사람이 마음의 세계에서 하는 행동이다.

27   우리는 씨앗을 심고 방해하지 말아야 한다. 그렇다고 절대 팔짱만 끼고 아무것도 하지 말라는 뜻은 아니다. 우리는 전

에 했던 것보다 더 많은 일을 잘 해낼 것이다. 새로운 통로가 끊임없이 생겨나고 또 새로운 문이 열릴 것이다. 필요한 것은 오직 열린 마음을 가지고 때가 오면 행동할 준비를 하는 것이다.

28　생각의 힘은 지식을 얻는 가장 강력한 수단이다. 어떤 주제든 집중하면 문제가 해결된다. 사람의 이해력을 넘어서는 것은 없다. 하지만 생각의 힘을 활용하고 그 힘이 우리 뜻대로 움직이게 하려면 노력해야 한다.

29　그 생각은 우리의 경험이 의존하는, 행운의 바퀴를 굴리는 증기를 만들어 내는 불이다.

30　스스로 다음 몇 가지 질문을 하고 경건하게 대답을 기다리자. 가끔 내면의 자아를 느끼는가? 자아를 존중하는가, 아니면 대중을 따라가는가? 대중은 항상 끌려갈 뿐 절대 이끌지 않는다는 것을 기억하자. 증기 기관과 동력 장치, 그리고 지금까지 있었던 모든 진보와 발전에 맞서 치열하게 투쟁한 것은 대중이었다.

31　이번에 할 연습은 친구를 시각화하고, 그를 마지막으로 본 모습으로 떠올리고, 방과 가구를 떠올리고 함께 나눈 대화

를 떠올리고, 또 그의 표정 변화를 살피고 웃는 얼굴을 지켜보는 것이다. 할 수 있겠는가? 좋다. 할 수 있다면 친구의 흥미를 불러일으키자. 모험 이야기를 들려주고 재미있고 흥미로워 반짝거리는 친구의 눈을 바라보자. 이 모든 것을 할 수 있는가? 그렇다면 우리의 상상력은 훌륭하며 우리는 훌륭하게 발전하고 있다.

우리 자신 말고는 다른 누구도
우리에게 제한을 둘 수 없다는 걸 기억하라.

― 찰스 해낼

생각이 모든 것을 만든다

1   생각은 우주를 창조한 원리이며 그 본성상 다른 비슷한 생각들과 결합하기 때문에 생명의 힘의 원리를 포함한다.

2   삶의 목적 중 하나가 성장이기 때문에 존재의 근본이 되는 모든 원칙은 성장에 기여해야 한다. 그러므로 생각은 형태를 취하며 성장의 법칙은 그 생각을 실제적으로 표현한다.

3   생각은 자유롭게 할 수 있지만 생각의 결과는 변하지 않는 법칙의 지배를 받는다. 어떤 생각을 계속하면 그 생각은 개

인의 성격이나 건강, 환경이라는 형태로 결과를 내지 않을 수 없다. 따라서 바람직하지 않은 결과만 만드는 습관을 대신해 건설적인 생각을 하는 습관을 들이는 것이 가장 중요하다.

4   모두 이것이 절대 쉬운 일이 아니라는 걸 알고 있다. 마음의 습관은 통제하기 어렵지만 그렇다고 아예 하지 못할 일도 아니다. 방법은 파괴적인 생각을 즉시 건설적인 생각으로 대신하는 것이다. 모든 생각을 분석하는 습관을 기르자. 필요하다면, 그 습관이 나 자신뿐 아니라 어떤 식으로든 다른 사람에게 영향을 미쳐 도움이 되는 것이라면 그 생각을 간직하자. 소중히 대하자. 가치가 있는 생각이다. 무한함과 조화를 이루는 생각이다. 그 생각은 성장하고 발전해 100배로 열매를 맺을 것이다. 반대의 경우, 미국의 소설가 조지 매튜 애덤스George Matthews Adams의 말을 기억해 두자. "결과에 도움이 되지 않는 것들에게는 문을 닫고 마음에서 멀어지게 하고, 또 사무실에서, 그리고 당신의 세계에서 멀리 떨어지게 하는 법을 배워라."

5   만약 당신의 생각이 비판적이거나 파괴적이었다면, 또 당신의 환경과 조화롭지 못한 상태를 만들었다면 건설적인 생각에 도움이 될 마음가짐을 길러야 한다.

6 상상력은 여기에서 큰 도움이 된다. 상상력을 키우면 우리의 미래를 드러나게 할 이상을 발전시킬 수 있다.

7 상상력은 우리 미래가 입을 옷을 만들기 위한 천을 모아준다.

8 상상력은 새로운 생각과 경험의 세계를 통과할 수 있게 하는 빛이다.

9 상상력은 모든 발견자와 발명가가 관례에서 벗어나 새로운 경험으로 가는 길을 열어준 강력한 도구이다. 관례는 "절대 불가능한 일이야."라고 말한다. 하지만 경험은 "해냈어."라고 말한다.

10 상상력은 감각적인 것들을 새로운 형태와 이상으로 만드는 유동적인 힘이다.

11 상상력은 모든 건설적인 행동에 앞서야 하는 건설적인 생각이다.

12 건축업자는 먼저 건축가에게 설계도를 받지 않으면 어떤 건축물도 지을 수 없으며, 건축가는 자신의 상상에서 이 설계도를 얻어야 한다.

13 산업계의 큰 손도 자신의 상상에서 모든 것을 처음 만들어
     내기 전에는 수백 개의 작은 회사와 수천 명의 직원을 부리
     는 거대한 기업을 만들 수 없고 수백만의 자본을 활용할 수
     도 없다. 물질세계의 대상들은 도공의 손에 쥐어진 흙과 같
     다. 실제적인 것들이 만들어지는 것은 도공의 마음속이고
     그 작업이 이루어지려면 상상력을 활용해야 한다. 상상력을
     키우기 위해서는 연습이 필요하다. 연습은 신체의 근육뿐
     아니라 마음의 근육을 키우는 데도 필요하다. 영양분이 공
     급되지 않으면 자라날 수 없다.

14 상상력을 일부 사람들이 탐닉하려고 하는 공상이나 백일몽
     과 혼동하지 말자. 공상이나 백일몽은 우리의 마음을 낭비
     시켜 파멸로 이끈다.

15 건설적인 상상은 마음의 노동을 의미한다. 어떤 사람들은
     이를 가장 고된 노동이라고 생각한다. 하지만 이 노동은 가
     장 큰 수익을 낸다. 인생의 모든 위대한 것들을 생각하고 상
     상하고, 또 그대로 실현할 수 있는 사람들에게 찾아왔기 때
     문이다.

16 마음이 유일한 창조적 원리이고, 전능하며 어디에나 존재할
     수 있다는 것을 완벽하게 의식할 때, 또 생각하는 힘을 통해

이 힘과 조화를 이루게 될 때 우리는 올바른 방향으로 뚜렷한 걸음을 내디뎠을 것이다.

17 다음 단계는 이 힘을 받을 수 있는 위치에 자리하는 것이다. 이 힘은 어디에나 존재하기 때문에 우리 내부에도 존재한다. 우리는 모든 힘이 내부로부터 생기는 걸 알고 있기에 이것이 사실임을 안다. 하지만 이 힘은 발전되고 드러나고 계발되어야 한다. 그러기 위해서 우리는 반드시 수용적이어야 하며, 이 수용성은 체력을 키울 때처럼 훈련을 통해 키워진다.

18 끌어당김의 법칙은 우리의 습관적이고 특징적이며 지배적인 마음가짐에 상응하는 삶의 조건과 환경, 경험을 확실하고 정확하게 우리에게 가져다줄 것이다. 교회에서 가끔 생각나거나 방금 읽은 좋은 책에 나오는 생각이 아닌, 우리의 지배적인 마음가짐이 중요하다.

19 하루에 10시간씩 나약하고 해롭고 부정적인 생각을 하다가 10분 동안 강하고 긍정적이고 창조적인 생각을 하고서, 아름답고 강하고 또 조화로운 조건이 생성될 거라 기대해서는 안 된다.

20 진정한 힘은 내부에서 나온다. 누구나 사용할 수 있는 모든

힘은 인간의 내부에 존재한다. 그 힘을 먼저 인식하고 자기 것이라 확인하고, 그 힘과 하나가 될 때까지 의식적으로 노력해야 한다. 그래야 가시적으로 드러난다.

21 사람들은 풍요로운 삶을 원한다고 말한다. 많은 사람이 근육을 단련하고 과학적으로 호흡하고 특정 방법으로 특정 음식을 먹고 적당한 온도의 물을 많이 마시고 방 안의 온도를 잘 유지하고 외풍을 피하면 자신이 추구하는 풍요로운 삶을 얻을 수 있다고 생각한다. 하지만 그래서는 시시한 결과를 얻는다. 하지만 진리에 눈을 뜨고 모든 생명과 자신이 하나임을 확인할 때, 눈이 맑아지고 발걸음에 힘이 생기며 젊음의 활력이 솟는다는 것을 깨닫는다. 바로 모든 힘의 근원을 찾아냈다는 걸 알게 된다.

22 모든 실수는 무지에서 나온 실수일 뿐이다. 지식을 얻고 그에 따라 얻은 힘이 성장과 진화를 결정한다. 지식을 인식하고 실천하면 힘이 생기는데, 이 힘은 영적인 힘이다. 만물의 중심에 존재하는 우주의 영혼이다.

23 이 지식은 인간이 지닌 생각하는 능력의 결과이다. 그러므로 생각은 사람의 의식적인 진화의 싹이다. 우리가 생각과 이상을 계속해서 발전시켜 나가지 않으면 힘은 사라지기

시작하며, 그 변화가 점차 얼굴에 드러나게 된다.

24 성공한 사람들은 자신이 실현하고자 하는 조건을 이상으로
간직한다. 그들은 자신이 노력하는 이상에 필요한 다음 단
계를 끊임없이 생각한다. 생각은 그들의 재료이고 상상은
마음의 작업장이다. 마음은 그들이 성공 구조를 만드는 데
필요한 사람과 환경을 확보하는 항상 움직이는 힘이며, 상
상은 모든 위대한 것들이 만들어지는 틀이다.

25 우리가 자신의 이상에 충실했다면 계획을 실현할 상황이
준비되었을 때 그 부름을 듣게 될 것이고, 결과는 이상에 우
리가 얼마나 충실했느냐에 정확히 비례할 것이다. 꾸준히
유지되는 이상은 그 이상의 성취에 필요한 조건들을 미리
결정하고 끌어낸다.

26 그러므로 우리는 영혼과 힘의 옷을 만들어 온전히 걸칠 수
있다. 매력적인 삶을 살 수 있으며, 온갖 해악으로부터 영원
히 보호받을 수 있다. 또 풍요로움과 조화로움이 우리에게
이끌리도록 스스로 긍정적인 힘이 될 수 있다.

27 이것은 점차 우리의 의식에 스며들며 어디에서나 뚜렷이
나타나는 불안의 조건에 큰 영향을 미친다.

28 지난번에 우리는 마음속에 그런 이미지를 보이지 않는 것에서 보이는 것으로 만들었다. 이번에는 특정 대상의 기원을 추적해 보고 실제로 그것이 무엇으로 구성되어 있는지 살펴보자. 이렇게 하면 상상력과 통찰력, 인지력과 현명함을 키울 수 있다. 이는 대중의 표면적인 관찰이 아니라 표면 아래를 보는 예리하고 분석적인 관찰에 의해 나타난다.

29 눈에 보이는 것이 단지 결과라는 것을 알고 이러한 결과가 존재하게 된 원인을 이해하는 사람은 드물다.

30 전과 같은 자세를 취하고 전함을 떠올려 보자. 수면 위에 떠있는 험상궂은 괴물의 모습을 그려보자. 주변에는 생명체의 기적을 전혀 찾아볼 수 없다. 모든 것이 고요하다. 전함의 대부분이 물속에 잠겨 있어 보이지 않는다는 것을 알고 있다. 또 배가 20층이나 되는 고층 건물만큼 크고 무겁다는 것도 알고 있다. 우리는 수백 명의 승무원이 자신의 업무를 즉시 수행할 준비가 되어 있다는 것도 알고 있다. 배의 모든 부분이 이 놀라운 기계 장치를 담당할 능력이 있는 사람들에게 맡겨졌다는 것을 알고 있다. 그들은 모두 노련하고 숙련된 사람들이다. 우리는 또한 겉으로는 다른 것에 무관심한 것처럼 보여도 수 마일에 걸쳐 주변의 모든 걸 바라보는 눈을 가지며 그 경계하는 시야를 무엇도 벗어날 수 없다는

걸 알고 있다. 조용하고 순종적이며 순수해 보여도 멀리 떨어진 적에게 수천 파운드에 달하는 강철 미사일을 쏠 준비가 되어 있다는 것도 알고 있다. 이것 말고도 훨씬 더 많은 것들을 쉽게 떠올릴 수 있다. 하지만 왜 전함은 그 위치로 가게 된 것일까? 애초에 어떻게 해서 만들어진 것일까? 당신이 주의 깊은 관찰자라면 이 모든 것이 궁금할 것이다.

31 주조 공장에 널려 있는 거대한 철판들을 따라가면 생산을 위해 고용된 수천 명의 사람들이 보인다. 더 거슬러 올라가 광산에서 생산된 광석들을 볼 수 있고 그것들이 배나 차에 실려 있는 모습, 녹아서 처리 공정을 거치는 모습도 볼 수 있다. 더 과거로 가면 전함을 설계한 건축가와 기술자를 볼 수 있다. 더 거슬러 올라가 왜 그들이 전함을 만들기로 했는지 생각해 보자. 이제 우리는 전함이 아무 형태로도 보이지 않고 존재하지도 않으며 단지 건축가의 머릿속에서 나타난 지점까지 도달했을 것이다. 처음 그 전함을 계획했던 사람은 누구였을까? 아마 전쟁이 일어나기 훨씬 전에 계획되었을 것이며 의회는 제조에 필요한 돈을 위해 적절한 법안을 통과시켜야 했을 것이다. 그리고 어쩌면 예산 편성을 반대하려는 움직임이 있었을지도 모른다. 이 의원들은 누구를 대표하는가? 그들은 우리를 대표한다. 이렇게 우리의 생각은 전함에서 시작해 우리 자신에서 끝이 나고, 마지막 분석

을 통해 우리의 생각이 모든 것의 원인임을 깨닫는다. 하지만 우리는 이런 사실에 관해 거의 생각하지 않는다. 조금 더 깊이 생각해 보면 다음과 같은 가장 중요한 사실을 알 수 있다. 즉, 누군가 이 거대한 강철 덩어리가 물 위에 뜨게 하는 법칙을 발견하지 못했다면 지금의 전함은 절대 존재하지 못했고 그 대신 바닥에 바로 가라앉아 버리는 강철 덩어리만이 있었을 것이다.

32 이 법칙은 "물질의 비중은 그 물질의 질량과 같은 부피의 물의 질량 사이의 비율이다."라는 것이다. 이 법칙의 발견은 모든 항해와 상업, 전쟁에 혁명을 일으켰고 전함의 존재를 가능하게 만들었다.

33 우리는 이 연습이 정말 중요하다는 것을 알게 되었다. 생각이 표면 아래까지 볼 수 있게 연습하면 모든 것이 다른 모습을 띠게 되며 중요하지 않은 것은 중요해지고 흥미 없던 것이 흥미로워진다. 중요하지 않게 여기던 것이 정말 중요한 것으로 보이게 된다.

오늘을 바라보라

오늘이 바로 생명, 생명의 숨이다
그 찰나의 순간에 우리의 모든 진실이 있다
성장의 축복과
실천하는 영광,
아름다움의 찬란함

어제는 그저 지나간 꿈
내일은 오지 않은 환상일 뿐
충실한 현재가
모든 어제를 행복한 꿈으로
모든 내일을 희망의 환상으로 만든다
그러니 잘 살펴보라
바로 오늘 지금 이 순간을

― 칼리다사 Kalidasa

아홉 번째 마스터키

무한하고 전능한 힘과
조화를 이뤄라

1 '외부 세계'에서 바랄만한 것은 세 가지뿐인데, 그것은 '내부 세계'에서 찾을 수 있다. 찾는 방법은 그저 각자가 가진 전능한 힘에 적절한 '메커니즘'을 적용하는 것이다.

2 모두가 바라는, 최고의 모습과 완벽한 발전을 위해 필요한 세 가지는 건강, 부, 그리고 사랑이다. 다들 건강이 절대적으로 필요하다는 것을 인정한다. 육체가 고통스럽다면 누구도 행복할 수 없다. 부가 꼭 필요하다는 것을 누구나 쉽게 인정하지는 않겠지만 적어도 최소한은 필요하다는 것을 인

정해야 한다. 하지만 누구에게는 충분한 것이 다른 사람에게는 절대적으로, 고통스러울 정도로 부족하게 여겨질지 모른다. 또 자연이 필요한 만큼이 아니라 풍족할 만큼 우리에게 베푸니, 어떤 결핍이나 한계도 인위적인 분배 방법에 따른 결과이다.

3   모두 세 번째 요소가 사랑이라는 것을 인정할 것이다. 어쩌면 인류의 행복에 필요한 첫 번째 필수 요소로 사랑을 꼽을 수도 있다. 어쨌든 건강과 부, 사랑, 이 셋을 모두 가진 사람은 행복이라는 잔에 다른 무엇을 더할 필요가 없다.

4   우리는 우주의 마음의 실체가 절대적인 건강과 부, 사랑이라는 것을 발견했다. 그리고 이 무한한 공급원과 의식적으로 연결되는 메커니즘이 우리의 사고방식에 있다는 것도 알았다. 따라서 올바르게 생각한다는 것은 '가장 높은 비밀 장소'에 들어가는 것이다.

5   그렇다면 어떤 생각을 해야 할까? 이것을 깨우친다면 우리는 '원하는 모든 것들'과 관련한 적절한 메커니즘을 찾을 수 있다. 이 메커니즘을 알면 정말 단순하게 느껴질지도 모르겠다. 하지만 계속 읽어 보자. 그것은 모든 것을 가능하게 하는 마스터키이자 알라딘의 램프이다. 우리는 이것이 행복

의 기초이자 필수 조건이고 절대 법칙이라는 것을 알게 될
것이다.

6 정확하고 제대로 생각하기 위해서는 '진리'를 알아야 한다.
이 진리는 모든 사업이나 사회적 관계에 있어 근본적인 원
칙이다. 모든 바른 행동의 선행 조건이다. 이를 알고 자신감
있게 확신한다면 다른 어떤 것과 비교할 수 없는 만족감을
느낀다. 또한 이 진리는 의심과 갈등, 위험이 도사린 세계에
서 유일하게 든든한 기반이다.

7 진리를 아는 것은 무한하고 전능한 힘과 조화를 이루는 것
이다. 그러니 진리를 아는 것은 모든 불화, 부조화, 의심 또
는 잘못을 쓸어버리는 거부할 수 없는 힘과 연결되는 것이
다. "진리는 강력하며 승리하리라."

8 지능이 낮은 사람도 자신이 한 행동이 진리에 기반했다는
걸 알면 어떤 행동의 결과도 쉽게 예측할 수 있지만, 지능이
높고 심오하고 통찰력 있는 사람도 스스로 거짓인 줄 아는
전제를 근거로 희망을 품으면 길을 잃고 그 결과가 어떻게
될지 알지 못한다.

9 진리와 조화를 이루지 않는 모든 행동은 고의적이든 그렇

지 않든, 조화를 이루지 않는 만큼 불화와 손실을 가져올 것이다.

10 그렇다면 어떻게 우리를 무한한 힘과 연결할 메커니즘을 활용하기 위한 진리를 알 수 있을까?

11 만일 그 진리가 우주의 마음의 중요 원리이고 어디에나 존재한다는 것을 깨닫는다면 어떤 실수도 할 수 없다. 예를 들어 건강이 필요하다면 우리 내면의 '내'가 영적 존재이고 모든 영혼이 하나라는 것을, 부분이 있다면 전체도 있다는 것을 안다면 건강의 조건을 가져올 것이다. 몸의 모든 세포가 우리가 보는 대로의 진실을 나타내기 때문이다. 우리가 병약함을 본다면 세포들도 병약함을 나타내고 완벽함을 보면 세포도 완벽함을 나타낼 것이다. "나는 완전하며 완벽하고 강하며 힘이 있고 애정이 깊으며 조화롭고 행복하다."라는 확언은 조화로운 조건을 가져다줄 것이다. 왜냐하면 그 확언이 진리와 제대로 일치하고 진리가 나타나면 모든 형태의 오류와 불일치는 반드시 사라지기 때문이다.

12 우리는 '내'가 영적이고 항상 완벽하지 않을 수 없다는 존재임을 알았다. 따라서 앞의 "나는 완전하며 완벽하고 강하며 힘이 있고 애정이 깊으며 조화롭고 행복하다"라는 확언은

정확하고 과학적인 문장이다.

13 생각은 영적인 활동이고 영혼은 창조적이다. 이를 염두에 두면 이 생각과 조화를 이루는 결과가 나온다.

14 부가 필요하다면 내면의 '내'가 모든 전능한 우주의 마음과 하나라는 것을 깨달아야 끌어당김의 법칙을 활용할 수 있다. 또 이 법칙을 통해 자기 확언의 성격과 목적에 정비례하는 수준의 능력과 부를 만들어 내고, 성공에 도움이 될 힘과 조화를 이룰 수 있다.

15 시각화는 필요한 것을 가져다주는 메커니즘이다. 이는 보는 것과는 매우 다르다. 보는 것은 물질적이므로 객관적인 세계인 '외부 세계'와 관련이 있다. 하지만 시각화는 상상의 산물이므로 주관적인 마음인 '내부 세계'와 연결된다. 따라서 시각화는 생명력을 지니며 발전해 나간다. 또 시각화는 형태를 띠고 나타난다. 이 메커니즘은 완벽하다. 이는 '모든 것을 잘 해내는' 위대한 건축가에 의해 만들어졌다. 안타깝게도 사용하는 사람의 경험이 부족하거나 비효율적으로 사용할 때가 있지만, 연습과 결의로 극복할 수 있다.

16 사랑이 필요하다면 이를 얻는 유일한 방법은 사랑을 주는

것이다. 사랑을 줄수록 더 많은 사랑을 얻을 것이며, 주는 방법은 자신이 먼저 사랑으로 가득 찬 '사랑의 자석'이 되는 것이다.

17 위대한 영적 진리를 삶의 작은 일들에 접목하는 법을 깨달은 사람은 자기 문제를 어떻게 해결할지 비결을 발견한다. 위대한 생각과 위대한 사건, 위대한 자연, 위대한 사람과 가까운 사람은 항상 활기가 넘치고 생각이 깊다. 미국의 전 대통령 링컨을 가까이 한 사람은 모두 산에 다가갔을 때의 느낌을 받았다고 하는데, 이것은 링컨이 영원한 것, 즉 진리의 힘을 깨달았다는 것을 알아차렸을 때 더욱 예리했다고 한다.

18 때때로 이러한 원칙들을 실제로 시험해 본 사람, 그리고 자기 삶에서 이 원칙들을 증명해 본 사람이 하는 말에서 영감을 얻을 수도 있다. 나는 오늘 프레드릭 앤드루스로부터 다음과 같은 편지를 받았다. 그는 이렇게 말했다.

《노틸러스Nautilus》 3월호를 보면 내가 겪은 일이 나와 있을 거야. 필요하다면 그 글을 참고로 하도록 하게. 당신의 친구, 프레드릭 엘리아스 앤드루스가 1917년 3월 7일

19 　내가 13살 때, T. W. 마씨Marsee 박사가 어머니에게 말했다. "앤드루스 부인. 가망이 없습니다. 저도 할 수 있는 모든 걸 다해보았지만 같은 방법으로 제 아들을 잃었거든요. 이런 증상에 관해 특별히 연구도 해봤지만 회복할 가능성이 없다는 걸 알았습니다."

20 　어머니가 박사를 향해 말했다. "박사님, 만약 아이가 박사님 아들이었다면 어떻게 하실 건가요?" 박사가 대답했다. "살아 있는 한 어떻게든 싸우고 또 싸울 겁니다."

21 　그것이 오랜 시간 지속된 싸움의 시작이었다. 수많은 일들이 우리에게 일어났다. 치료할 방법이 없다고 이야기하면서도 의사들은 우리에게 최선을 다해 격려하고 응원해 주었다.

22 　그러다 마침내 승리가 찾아왔다. 나는 손과 무릎으로 움직이던 작고 뒤틀린 사람에서 강하고 곧은 자세로 걷는 사람이 되었다.

23 　이제 당신이 그 방법을 알고 싶어 한다는 걸 알았으니 가능한 한 짧고 신속하게 알려주겠다.

24 나는 자신에게 가장 필요한 자질들을 선택해서 자기 확언의 문장을 만든 다음, 그 문장을 반복했다. '나는 완전하며 완벽하고 강하며 힘이 있고 애정이 깊으며 조화롭고 행복하다.' 를 마음속에 새기고 꾸준히 이 말을 되새겼다. 한밤중에 자다 일어나 그 문장을 나도 모르게 되뇔 때까지 반복하고 또 반복했다. '나는 완전하며 완벽하고 강하며 힘이 있고 애정이 깊으며 조화롭고 행복하다.' 자기 전에 마지막으로 하는 말, 그리고 일어나자마자 처음 하는 말이 이 문장이었다.

25 나 자신뿐 아니라 이 문장이 필요하다고 느껴지는 다른 사람들을 위해서도 사용했다. 이 점을 강조하고 싶다. 우리가 자신을 위해 원하는 게 무엇이든 다른 사람을 위해서도 그것을 바라면 우리와 상대 모두에게 도움이 될 것이다. 뿌린 대로 거둔다는 뜻이다. 사랑과 건강에 대한 생각을 보내면 마치 물건을 아끼지 않고 베풀 때처럼 우리에게 되돌아온다. 반면 우리가 두려움과 걱정, 질투와 분노 및 증오 등과 관련한 생각을 보낸다면 그 생각 역시 그대로 우리 삶에 되돌아올 것이다.

26 사람은 7년마다 완전히 다시 만들어진다고들 한다. 하지만 어떤 과학자들은 사람이 11개월마다 완전히 다시 만들어진다고도 말한다. 그러니 우리는 해 봤자 겨우 11개월밖에 나

이가 안 드는 셈이다. 해마다 안 좋은 부분을 다시 몸속에 쌓아 올린다면 우리 자신 말고 그 누구도 탓할 수 없다.

27 인간은 자신이 하는 생각의 총합이다. 문제는 어떻게 좋은 생각만 하고 나쁜 생각을 거부하느냐이다. 처음에 나쁜 생각들이 오는 걸 막을 수 없지만 그 생각들을 거부할 수는 있다. 유일한 방법들은 그 생각들을 잊어버리는 것, 즉 그것을 대체할 다른 생각을 하는 것이다. 바로 이때. 이미 만들어 놓은 자기 확언을 활용하면 된다.

28 분노, 질투, 두려움 또는 걱정이 슬그머니 찾아오면 그냥 확언을 외우자. 어둠은 빛으로 싸우고 추위는 열로 싸우며 악은 선으로 극복한다. 내 경험상 부정하는 것에서는 어떠한 도움도 받을 수 없었다. 선을 긍정하면 나쁜 것은 사라질 것이다.

29 필요한 것이 있다면 이 확언을 사용하는 게 좋다. 고칠 필요 없이 그대로 쓰면 된다. 조용한 장소로 이동해 잠재의식에 스며들어 어디서든(차 안이나 사무실, 집 모두에서) 사용할 수 있을 때까지 반복해서 연습하자. 이것이 영적인 방법의 장점이다. 우리의 영혼은 언제나 준비되어 있다. 필요한 것은 이 전능함에 대한 적절한 인식과 그 효과를 얻으려는 의지

또는 열망이다.

30 만약 우리의 지배적인 정신적 태도가 힘, 용기, 친절함, 동
정심 중 하나라면 우리 주변 환경에 이러한 생각과 일치하
는 조건이 나타난다. 만약 나약함과 비판, 시기와 파괴라면
이러한 생각과 일치하는 조건이 나타날 것이다.

31 생각은 원인이고 조건은 결과이다. 여기서 선과 악의 기원
에 대한 설명을 찾아볼 수 있다. 생각은 창조적이고 대상과
저절로 연관된다. 이것이 우주의 법칙, 끌어당김의 법칙, 또
원인과 결과의 법칙이다. 이 법칙을 인지하고 적용하는 것
이 시작과 끝을 결정한다. 이 법칙은 모든 연령대, 어느 시
대에서든 사람들이 기도의 힘을 믿게끔 만들었다. "믿는 대
로 될 것이다."라는 말은 이를 더 짧고 좋은 방법으로 표현
한 또 다른 말이다.

32 이번에는 식물을 하나 상상해 보자. 가장 좋아하는 꽃을 떠
올리자. 그리고 그 꽃이 눈에 보이도록 하자. 작은 씨앗을
심고, 물을 주고 보살피고, 아침 햇빛을 직접 받을 수 있는
곳에 두어 싹이 트는 모습을 떠올리자. 이제 씨앗은 살아있
는 생명체가 되었다. 그리고 생존하기 위해 애쓰기 시작한
다. 땅속을 뚫고 들어가는 뿌리를 보고, 뿌리가 사방으로 뻗

어나가는 것을 보고, 또 그 뿌리가 계속해서 분열하는 '살아 있는' 세포라는 것을 기억하자. 그 수는 곧 수백만 개로 늘어나며 각각의 세포에는 지능이 있어 자신이 원하는 것과 그것을 얻을 방법을 안다는 걸 기억하자. 줄기가 땅 위로 올라와 자라나고 가지가 갈라져 형태를 띠고 잎이 얼마나 완벽하게 대칭으로 자라나는지 보고, 잎이 자라나 각각 꽃봉오리를 터트려 내가 좋아하는 꽃이 마침내 모습을 드러내는 모습을 눈에 담자. 더 집중한다면 향기도 느껴질 것이다. 그건 우리가 시각화한 아름다운 창조물이 부드럽게 흔들리며 내뿜는 향기이다.

33 시각화를 명확하고 완벽하게 할 수 있을 때 그 대상의 영혼에 다가갈 수 있다. 이는 우리에게 매우 현실적으로 다가오며, 우리는 집중하는 법을 배우게 될 것이다. 그 과정은 건강이든, 좋아하는 꽃이든, 이상이든, 복잡한 사업 제안이든, 아니면 다른 삶의 문제이든 모두 같다.

34 모든 성공은 목표로 한 대상에 계속 집중했을 때 이루어진다.

분노, 질투, 두려움 또는 걱정이 슬그머니 찾아오면
그냥 확언을 외우자. 어둠은 빛으로 싸우고
추위는 열로 싸우며 악은 선으로 극복한다.
내 경험상 부정하는 것에서는
어떠한 도움도 받을 수 없었다.
선을 긍정하면 나쁜 것은 사라질 것이다.

— 찰스 해낼

풍요는 우주의 법칙이다

1 풍요는 우주의 법칙이다. 이 법칙의 증거는 분명하다. 어디에서나 목격할 수 있기 때문이다. 자연은 사치스러울 정도로 우리에게 넉넉하게 베푼다. 자연에서 경제적인 것이란 찾아볼 수 없다. 어디에나 풍요로움이 드러난다. 수백만의 나무와 꽃, 식물과 동물, 그리고 창조와 재생 과정이 영원히 지속되는 광대한 자연의 계획은 모두 자연이 우리에게 후하다는 것을 보여준다. 모든 사람에게 넉넉히 베푼다는 것은 명백하지만, 이런 풍요로움에 많은 사람이 함께하지 못한다는 사실 또한 명백하다. 그들은 모든 물질에서의 보편

성을 깨닫지 못했다.

2   모든 부는 힘의 결과이며 소유물은 우리에게 힘을 부여할 때만 가치가 있다. 또한 사건은 오직 힘에 영향을 미칠 때만 중요하다. 모든 것은 특정한 형태와 크기의 힘을 나타낸다.

3   전기, 화학적 친화력, 그리고 중력을 지배하는 법칙을 통해 원인과 결과를 알게 되기에 인간은 용기 있게 계획하고 두려움 없이 실행할 수 있다. 이 법칙을 자연의 법칙이라고 하는데, 왜냐하면 이 법칙들이 물질세계를 지배하기 때문이다. 하지만 모든 힘이 물질적인 힘인 것만은 아니다. 정신적인 힘도 있으며 도덕적이고 영적인 힘도 있다.

4   영적인 힘은 더 높은 차원에 존재하기에 더 뛰어나다. 이 힘은 우리에게 자연의 놀라운 힘을 활용하는 법칙을 통해 수백만 명이 해내는 일을 할 수 있게 했다. 우리는 시공간을 뛰어넘는 법칙도 발견했으며 이제는 곧 중력의 법칙 또한 찾아낼 것으로 보인다.

5   우리가 알고 있는 물리적인 세계에는 생물과 무생물이 존재한다. 광물이나 무생물계는 식물 또는 동물 세계와 완벽히 단절되어 있다. 통로가 아예 막혀있는 것이다. 이 장벽

은 아직 뛰어넘지 못했다. 어떤 물질의 변화, 환경의 변화, 화학, 전기, 에너지, 진화도 광물계의 원자에 생명의 속성을 부여할 수 없었다.

6 오직 어떤 살아있는 형태의 것이 죽은 세계로 진입할 때 그 죽은 원자들에 생명의 속성을 부여할 수 있다. 생명의 이러한 접촉 없이는 그 원자들은 영원히 무생물계에 머물러야 한다. 영국 에든버러 대학의 교수 헉슬리Huxley는 "생명은 오직 생명으로부터 발생한다."라고 주장하는 생물 발생설이 옳다고 말했고, 영국의 물리학자 틴들Tyndall은 다음과 같이 말했다. "나는 우리 시대의 생명이 이전 생명에 의존해 발생했다는 것을 증명할, 또 신뢰할 만한 증거가 전혀 없다고 확신한다."

7 물리 법칙은 무생물에 관해 설명할 수 있고 생물학은 생물의 발달을 설명할 수 있지만, 그 둘이 마주치는 지점에 관해 과학은 아무 말이 없다. 이와 비슷한 통로가 자연의 세계와 영적 세계 사이에도 존재한다. 이 통로는 자연의 세계에서 볼 때 꽉 막혀 있다. 문이 닫혀 있다는 뜻이다. 어떤 사람도 열 수 없고 어떤 유기적인 변화나 정신적인 에너지도, 노력도, 발전도 우리를 영적인 세계에 들어가게 할 수 없었다.

8 하지만 식물이 광물계에 뻗어나가 생명의 신비를 통해 광
    물계를 생명체의 영역으로 변화시킨다. 이처럼 우주의 마
    음도 인간의 마음속으로 뻗어나가 새롭고 신기하며 심지어
    놀랍기까지 한 자질들을 부여해 준다. 산업과 상업, 예술의
    세계에서 무언가 성취한 모든 사람은 이 과정을 통해 자신
    의 목적을 이루어왔다.

9 생각은 무한과 유한, 우주와 개인 사이를 연결하는 연결고리
    이다. 앞서 말한 것처럼 생물과 무생물 사이에는 불가항력적
    인 장벽이 있으며, 물질이 생명을 가질 방법은 생명을 수정
    시키는 것만이 유일하다. 씨앗이 광물계에 들어와 펼쳐지기
    시작하면 죽은 물질이 살기 시작하고 눈에 보이지 않는 천
    개의 손가락이 새로운 생명이 살기에 적합한 환경을 만들어
    내기 시작하며, 성장의 법칙이 효력을 발휘하기 시작하면서
    마침내 백합이 피어난다. "솔로몬이 이뤄낸 모든 것도 이들
    중 하나에 미치지 못한다."라는 말이 증명된다.

10 이와 마찬가지로 모든 것이 생성되는 우주의 마음에 어떤
    생각이 뿌려지고 그것이 뿌리내리면서 성장의 법칙이 효력
    을 발휘하기 시작한다. 그렇게 우리는 조건과 환경은 우리
    생각이 외부 세계에 드러난 형태에 지나지 않는다는 걸 알
    게 된다.

11 법칙은 '생각이 목적의 대상과 연결되어 보이지 않는 물질을 보이도록 이끌어내는 동적인 에너지의 활동 형태'라는 것이다. 이것으로 모든 것이 드러난다. 이 법칙은 우리를 가장 높은 곳의 비밀스러운 장소에 들어가게 하며 '모든 것에 대한 지배권을 갖게 하는' 마스터키이다. 이것을 이해하면 우리는 '무언가 명령하든 분명히 이룰 수 있다.'

12 그렇지 않을 수 없다. 우리가 알고 있는 우주의 혼soul이 '우주의 영spirit'이라면 우주는 단순히 우주의 영이 존재하기 위해 만든 환경일 뿐이다. 우리는 개별화된 영혼이며 정확히 같은 방식으로 성장을 위한 조건과 환경을 만들고 있다.

13 이 창조적인 힘은 우리가 영혼이나 정신의 잠재력을 얼마나 인식하느냐에 달려 있으며 진화와 혼동해서는 안 된다. 창조는 물질세계에 존재하지 않는 것을 만들어 내는 것이다. 반면 진화는 이미 존재하는 것과 관련한 잠재적인 면이 발전하는 것을 뜻한다.

14 이 법칙을 통해 우리에게 열린 놀라운 가능성을 활용할 때 우리는 위대한 스승 예수가 말한 것처럼 우리가 그것의 효과에 기여한 게 아무것도 없다는 점을 기억해야 한다. "그 일을 하는 것은 내가 아니라 내 안에 계신 아버지, 그가 하

시는 일이다."라는 말이 이를 뒷받침한다. 우리는 정확히 같은 입장을 취해야 한다. 창조를 돕기 위해 할 수 있는 일은 아무 것도 없으며, 그저 그 법칙을 준수할 뿐이다. 만물을 만들어 내는 우주의 마음이 결과를 가져다줄 것이다.

15 오늘날 크게 잘못된 것이, 사람이 지성을 부여해야만 무한한 존재가 특정한 목적이나 결과를 이뤄낼 수 있다는 생각이다. 이런 건 필요하지 않다. 우주의 마음은 무엇이든 필요하다면 수단을 찾아낸다. 그러나 우리는 반드시 이상을 창조해야 한다. 그리고 이 이상은 완벽해야 한다.

16 전기를 지배하는 법칙들이 명확히 조직화되었으며, 우리는 그 보이지 않는 힘을 제어해 우리 이익과 편안함을 위해 수천 가지 방식으로 활용한다. 메시지가 전 세계로 전달되고 거대한 기계들이 우리 명령을 수행하며 이제 실질적으로 전기가 전 세계를 밝히고 있지만 의식적으로든 무의식적으로든 전기선을 만져 그 과정을 방해하면 좋지 않다. 절망적인 결과가 나오기도 한다. 보이지 않는 세계를 지배하는 법들을 제대로 이해하지 못하면 이러한 결과가 나온다. 수많은 사람이 늘 그 결과를 겪고 있다.

17 인과의 법칙은 양극과 음극이라는 두 개의 극에 따라 달라

지며 회로가 필요하다고 앞에 설명했다. 회로는 우리가 법칙과 조화를 이루지 않으면 만들어지지 않는다. 법칙이 무엇인지 알지도 못하면서 어떻게 법과 조화를 이룰 수 있겠는가? 그렇다면 어떻게 해야 법칙을 알 수 있을까? 바로 연구와 관찰이 그 답이다.

18 우리는 어디에서나 법이 작용하는 것을 볼 수 있다. 모든 자연은 성장의 법칙을 통해 끊임없이 자신을 드러내며 법칙이 작동하고 있음을 증명한다. 성장이 있는 곳에는 생명이 있어야 한다. 생명이 있는 곳에는 조화가 있어야 한다. 그래서 생명이 있는 모든 것은 자신을 가장 완벽하게 표현하기 위해 필요한 조건과 공급원을 끊임없이 끌어당긴다.

19 만일 우리 생각이 자연의 창조적 원리와 조화를 이룬다면 우주의 마음과도 일치한 것이며, 그렇게 회로가 형성되면 결과물이 나타날 것이다. 하지만 무한한 존재와 조화를 이루지 못하거나 양극을 만들지 못하고 회로도 형성하지 못할 수 있다. 그렇게 되면 어떤 결과가 나올까? 발전기가 전지를 생산하고 있는데 회로가 끊어지고 콘센트도 없다면 어떻게 될까? 발전기는 멈출 것이다.

20 우리 상황도 마찬가지이다. 무한한 존재와 조화를 이루지

못한다면 양극을 만들 수 없고 회로도 형성하지 못한다. 우리는 고립되고 걱정이 달라붙어 괴로워질 것이며, 결국은 병에 걸리거나 죽음을 맞이할 것이다. 의사는 이런 식으로 정확하게 진단을 내리지 않을 수도 있다. 그는 잘못된 생각의 결과로 나타난 여러 질병에 그럴듯한 이름을 붙일지 모르지만, 그래도 원인은 동일하다.

21 건설적인 사고는 반드시 창의적이어야 하고, 창조적인 생각은 조화를 이루어야 한다. 이렇게 되면 모든 파괴적인 생각과 경쟁의식이 사라진다.

22 지혜와 힘, 용기, 그리고 모든 조화로운 조건들은 힘의 결과이며 모든 힘은 내부로부터 나온다. 마찬가지로 모든 결핍과 제한, 불리한 상황은 나약함의 결과이다. 나약함은 단순히 힘의 부재 상태를 뜻한다. 이런 나약함의 근원은 존재하지 않는다. 그렇다면 해결책은 오직 힘을 키우는 것이다. 이는 모든 것들이 키우는 것과 같은 방식, 바로 연습을 통해 달성된다.

23 이 연습은 지식을 응용하는 것도 포함한다. 지식은 스스로 적용되지 않기에 우리가 응용해야 한다. 풍요는 하늘에서 내려오지도, 우리 품으로 떨어지지도 않는다. 특정한 목적

을 위해 끌어당김의 법칙과 그것을 활용하려는 의도를 의식적으로 실현해야 한다. 이 목적을 수행하려는 의지는 자연적인 전이 법칙에 의해 우리 욕망을 구체화할 것이다. 만약 사업을 하고 있다면 사업은 자연스럽게 발전할 것이고 새롭거나 이례적인 방식이 열릴지 모른다. 만약 법칙이 완전하게 작용하면 우리가 찾는 것들이 반대로 우리를 찾고 있다는 걸 알게 될 것이다.

24   이번에는 주로 앉는 공간으로 가서 벽 쪽 빈 곳이나 편안한 곳을 정하자. 마음속으로 약 15센티미터 정도의 검은색 가로선을 그려보자. 마치 벽에 그려져 있는 것처럼 명확한 선을 보려고 해야 한다. 그다음, 선의 양쪽 끝에 이 수평선과 연결되는 두 개의 세로선을 마음속에 그리자. 이제 이 두 세로선을 연결하는 또 다른 가로선을 하나 더 그리자. 정사각형이 되었을 것이다. 이번엔 사각형 안에 원을 그리고 원 가운데 점을 하나 찍자. 그 점을 우리 쪽으로 약 25센티미터 정도 당기자. 이제 바닥이 정사각형 모양인 원뿔이 하나 그려졌을 것이다. 색은 모두 검은색이라는 것을 기억하자. 그리고 그것을 흰색과 빨간색, 노란색으로 바꾸어 보자.

25   이 연습을 잘 해낼 수 있다면 우리는 매우 좋은 성과를 거두고 있다고 볼 수 있다. 이제 마음속에 간직한 어떤 문제든

집중할 수 있을 것이다.

어떤 대상이나 목적을 뚜렷하게 생각하고 있을 때
그것이 전개되거나 눈에 보이는 형태로
나타나는 일은 그저 시간문제일 뿐이다.
상상은 항상 앞서며 그 자체만으로도
구체화 된다.

― 릴리언 휘팅Lillian Whiting

구하면, 얻는다

1   귀납추리는 의식의 작용으로, 여러 개별 사례를 서로 비교
해 모두에 해당하는 공통 요인을 찾는 과정이다.

2   귀납법은 사실의 비교로 전개된다. 이를 통해 인류의 진보
에 큰 영향을 미친 '법칙의 영역'이 발견되었으며, 이 귀납
법은 동시에 자연을 연구하는 방법이기도 하다.

3   귀납법의 논리는 미신과 지성 사이의 경계선이다. 우리 삶
에서 불확실성과 변덕의 요소를 없애고 대신 법칙과 이성,

확실함을 안겨주었다.

4   앞에서 말했던 '파수꾼'이 바로 이것이다.

5   이 원리로 인해 익숙한 세계에 혁명이 일어났다. 태양이 지
구 주위를 돌다가 멈췄고, 분명 평평해 보이던 지구는 공 모
양이 되어 태양 주위를 빙빙 돌기 시작했다. 비활성 물질이
활성 원소로 분해되었고 망원경과 현미경으로 보는 곳 어
디에나 우주의 힘과 역동성, 생명이 목격되었다. 그리고 우
리는 그 가운데 어떻게 우주의 섬세한 유기체들이 질서 정
연하게 보존되어 돌아가는지에 관한 의문을 품게 되었다.

6   같은 극과 힘은 서로를 밀어내어 합쳐질 수 없는 상태를 유
지한다. 그래서 별과 인간, 힘을 둘러싸고 적절한 거리와 공
간이 생긴다. 서로 다른 사람이 함께하게 되고 극과 극, 즉
다른 양극이 서로를 끌어당기고 산酸과 기체처럼 공통 요소
가 없는 원소들이 서로 결합한다. 일반적인 거래도 보통 수
요와 과잉 사이에서 이루어진다.

7   우리 눈이 보색을 보면서 만족감을 느끼듯, 넓은 의미에서
필요와 바람과 열망이 행동을 유도하고 인도하며 결정한다.

8   그 원리를 의식하고 그에 따라 행동하는 것은 우리의 특권이다. 프랑스의 동물학자 조르주 퀴비에Georges Baron Cuvier는 멸종된 동물의 이빨을 연구했다. 그는 해당 이빨이 기능하려면 붙어있을 몸이 필요하다는 점을 생각해 그에 적당한 신체 조건을 정확하게 추론한 끝에 동물의 구조를 재구성했다.

9   천왕성의 움직임에서 섭동perturbation, 즉 특정 천체의 평형 상태가 다른 천체의 인력 때문에 궤도에서 벗어나는 현상이 관찰되었다. 르베리에Leverrier는 태양계를 질서 있게 유지하려면 특정 위치에 행성이 하나 더 있어야 한다고 생각했다. 그리고 바로 해왕성이 그 장소와 그 시간에 발견되었다.

10 동물의 이빨처럼 한 부분이 신체와 연결 지어지는 특정 관계, 그리고 퀴비어의 지적인 욕구에서 탄생한 관계는 동일했다. 르비리에의 생각과 결과 역시 같은 맥락에서 비슷했다. 잘 정의된 합법적인 욕구는 자연의 아주 복잡한 생리에 관한 이유를 제시한다.

11 우리는 자연이 제공하는 답을 정확히 기록했고, 과학의 발전 덕분에 자연에 대한 감각을 더 확장했다. 지구를 움직이는 지렛대를 손에 쥔 것이다. 그렇게 우리는 외부 세계와 가

깝고도 광범위하며 깊은 접촉을 하게 되었고 시민의 삶과 자유, 행복이 정부의 존재와 하나이듯 이런 우리의 욕구와 목적도 이 거대한 조직의 조화와 하나라는 것을 의식하게 되었다.

12 개인의 이익은 국가의 군대로부터 보호받으며 개인의 필요가 보편적이고 꾸준하게 느껴지는 정도에 따라 그 공급도가 달라진다. 이와 마찬가지로 자연 공화국에서 의식 있는 시민은 우월한 권력과의 동맹을 통해 그보다 못한 힘의 괴롭힘에서 벗어난다. 또 기계나 화학 물질과 관련한 저항과 유도의 근본 원칙을 파악해 인간과 도구들의 노동력을 최대한 유리하게 분배할 수 있다.

13 플라톤이 사진사가 인화한 사진을 볼 수 있고 귀납법을 활용해 우리가 하는 일과 비슷한 수백 개의 예를 목격했다면 아마 스승 소크라테스의 지적인 산파술을 떠올렸을 것이다. 그리고 모든 육체적, 기계적인 노동과 반복하는 일을 자연의 힘이 대체하고 의지에 의해 움직이는 정신 작용만으로 욕망이 충족되며 공급이 수요를 충족하는 세상을 그렸을 것이다.

14 그런 세상이 아무리 멀게 느껴지더라도 귀납법은 우리가 그

곳을 향해 나아가게 해주는 동시에, 과거의 충실함에 대한 보상과 함께 앞으로 더 헌신적일 수 있는 동기를 제시한다.

15 귀납법은 남은 삶의 기간 동안 우리가 능력을 집중하고 강화하는 데 도움을 준다. 또 가장 순수한 형태의 정신 작용만으로도 개인과 전체의 문제에 관한 확실한 해결책을 제시한다.

16 이제 우리는 방법을 하나 찾아냈다. 핵심은 "구하면 얻어진다."라고 믿으면 성취된다는 것이다. 이 방법이 없었다면 플라톤도 이상이 현실이 되는 방법을 절대 찾아낼 수 없었다.

17 이 개념은 또한 스웨덴의 자연과학자 스베덴보리Swedenborg가 자세히 설명했다. 더 위대한 스승 예수는 "무엇이든 원하고 기도하면 받았다고 믿어라. 그렇게 하면 그리될 것이다."(〈마가복음〉 11장 24절)라고 말했다. 이곳에 적힌 구절의 시제 차이는 놀랍다.

18 우리는 먼저 우리의 욕망이 이미 성취되었다고 믿어야 한다. 그래야 성취가 뒤따른다. 이는 우리의 욕망이 이미 존재하는 사실이라고 우주의 마음에 되새김으로써 생각의 창조적 힘을 활용하는 간단한 방법이다.

19 따라서 조건이나 제약에 관해서는 아무것도 생각하지 말고 오직 절대적인 차원에서 생각해야 한다. 심은 씨앗을 방해하지 않는다면 결국 그 씨앗은 세상에 그 모습을 드러내고 열매를 맺어 보일 것이다.

20 다시 되짚어보자. 귀납 추론은 외부 의식의 작용이고 여러 개별 사례를 서로 비교해 공통 요인을 찾아내는 과정이다. 모든 문명국의 시민들이 스스로 이해하지 못해 다소 신비롭게 생각하는 어떤 과정을 통해 결과를 낸다. 인간의 이성은 이런 결과가 성취되는 법칙을 찾아낼 목적으로 우리에게 주어진다.

21 이 사고 과정의 작용은 다른 사람들이 애써서 얻는 것을 이미 가진 사람들에게서 이루어진다. 그들은 자기 행동을 돌아보지 않아도 늘 올바르게 행동하며 모든 것을 쉽게 배운다. 또, 시작한 일은 잘 완수하며 자신과 조화를 이루고 살뿐 아니라 어떤 어려움이나 문제도 경험하지 않는다. 그래서 그들은 의식적으로 애를 쓰지 않는다.

22 이 생각의 결실은 말 그대로 신들의 선물이지만 우리는 이를 아직 깨닫지 못하거나 이해하지 못한다. 제대로 아는 사람도 거의 없다. 적절한 조건 아래, 마음이 소유하는 놀라운

힘을 인지하고 이 힘을 문제 해결에 활용하고 지시해 해결 책으로 쓸 수 있다는 사실을 인지하는 게 매우 중요하다.

23 모든 진리는 현대의 과학 용어로 표현하든 고대의 언어로 표현하든 간에 동일하다. 소심한 사람들은 진리의 완벽성이 다양하게 표현된다는 점을 깨닫지 못한다. 한 가지 공식으로는 진리의 모든 측면을 표현할 수 없다.

24 변화와 강조, 새로운 언어, 새로운 해석, 그리고 낯선 관점들은 일부 사람들이 생각하듯 진리에서 벗어나는 신호가 아니다. 오히려 새로운 필요에 따라 진리가 납득되고 더 폭넓게 이해된다는 증표이다.

25 진실은 모든 세대와 사람들에게 그 시대에 맞는 새 용어로 전해져야 한다. 그래서 위대한 스승 예수가 "받은 것으로 믿으라. 그러면 그렇게 될 것이다."라고 했을 때, 바울이 "믿음은 바라는 것의 실체이며 보이지 않는 것들의 증거이다."(〈히브리서〉 11장 1절)라고 했을 때, 또 현대 과학이 "끌어당김의 법칙은 생각과 그 대상을 잇는 법칙이다."라고 했을 때 각각의 문장이 정확히 같은 진리를 포함한다는 것을 깨닫는다. 단지 표현의 차이다.

26 우리는 새로운 시대의 문턱에 서 있다. 인류가 완성을 위한 비밀을 손에 넣고 지금까지 꿈꿔온 그 어느 것보다 멋지고 새로운 사회 질서를 위한 길이 준비되고 있다. 현대 과학과 신학의 충돌, 종교 간의 비교 연구, 새로운 사회 운동의 엄청난 힘, 이 모든 것은 새로운 질서를 위한 길을 닦는 것에 불과하다. 오래되고 무력해진 전통 형식은 사라졌을지 모르나 가치는 아무것도 사라지지 않았다.

27 새로운 믿음, 즉 새로운 형태의 표현을 요구하는 믿음이 이미 탄생했다. 이 믿음은 현재 여러 곳에서 나타나는 영적 활동을 통해 발현되는 힘에 대한 깊은 의식 속에서 그 형태를 온전히 이뤄가고 있다.

28 광물 안에서 잠을 자고, 식물 안에서 숨을 쉬고, 동물 안에서 움직이고, 그리고 인간이 최고로 각성한 상태에 이른 영혼은 우주의 마음이다. 우리에게 이 영혼의 지배권이 주어졌음을 이해하고 존재와 행동, 이론과 실제 사이의 차이를 메워야 한다.

29 모든 세기를 통틀어 가장 위대한 발견은 생각의 힘이다. 이 발견의 중요성은 대중에 도달하는데 꽤 더뎠지만 이제 대중의 의식에 도달했을 뿐 아니라, 이미 모든 연구 분야에서

이 위대한 발견의 중요성이 입증되고 있다.

30 생각의 창조적인 힘이 무엇인지 묻고 싶은가? 그것은 아이디어를 창조하는 데 있다. 또 아이디어들은 물질과 힘을 사용하고, 발명하고, 관찰하고, 분별하고, 발견하고, 분석하고, 지배하고, 다스리고, 결합하고, 적용함으로써 자신을 물질화한다. 이는 생각이 지능을 지닌 창조적 힘이기 때문이다.

31 생각은 생각만의 신비로운 심연에 빠질 때 최고 수준으로 활동한다. 자아라는 좁은 범위를 벗어나 진리를 거쳐 영원한 빛의 영역에 돌입할 때, 원래 존재했고 지금도 존재하며 앞으로도 존재할 모든 것이 하나의 거대한 조화로 녹아드는 곳에 돌입할 때 최고의 활동을 펼친다.

32 이런 자성self-contemplation의 과정에서 영감이 나온다. 이는 창조적인 지능이다. 이것은 다른 힘이나 요소, 법칙보다 명백히 뛰어나다. 영감은 자기 목적을 위해 이 모든 것들을 이해하고, 수정하고, 지배하며 적용할 수 있다. 그렇기에 그것들을 가질 수 있다.

33 지혜는 이성이 깨어날 때 함께 시작된다. 이성은 단지 우리가 사물의 진정한 의미를 알게 해주는 지식과 원리를 이해

하는 것뿐이다. 그렇기 때문에 지혜는 개화된 이성이며, 겸손으로 이어진다. 겸손이 지혜의 큰 부분을 차지하기 때문이다.

34 우리는 불가능해 보이는 것을 성취하는 사람, 그리고 삶에서 꿈꾸던 것을 이룬 사람, 자신을 포함해 그 밖에 모든 것을 변화시킨 사람들을 많이 알고 있다. 우리는 때때로 가장 필요할 때 꼭 등장하는 것처럼 보이는, 어떤 거부할 수 없는 힘의 등장에 놀랐을 것이다. 하지만 지금은 모든 것이 명백해졌다. 필요한 것은 확실한 기본 원칙과 힘을 어떻게 적절히 적용하는지 아는 것이다. 이번 연습에서는 "원하는 것이 무엇이든 기도하고 그것을 받았다고 믿어라. 그리하면 그대로 될 것이다."라는 성경 구절에 집중해보자. 한계가 없다는 점을 염두에 두어라. '무엇이든'이라는 말이 명확히 암시하는 것은 우리에게 주어진 유일한 한계는 생각하는 능력, 당황하지 않고 비상 상황에 대처하는 능력, 믿음은 그림자가 아니라 실체라는 점을 기억하는 능력이라는 것이다. "믿음은 희망하는 것의 실체이며 보이지 않는 것들의 증거이다."

35 죽음은 단지 모든 물질적 형태를 지닌 모든 것이 새롭고 다양하게 다시 태어나기 위해 가혹한 시련 속으로 던져지는 자연스러운 과정일 뿐이다.

우리는 먼저 우리의 욕망이
이미 성취되었다고 믿어야 한다.
그래야 성취가 뒤따른다.

— 찰스 해낼

열 두번째 마스터키

유일한 방법은
앞으로 계속 나아가는 것이다

1 생각의 창조적 힘을 과학적으로 이해한다면 이루지 못할
  삶의 목표란 없다.

2 생각하는 힘은 모두에게 있다. 사람은 생각하기에 존재한
  다. 사람의 생각하는 힘은 끝이 없고 그 창조력도 무한하다.

3 우리는 생각이, 우리가 생각하는 것을 구축하고 실제로 더
  가깝게 만들어준다는 점을 알면서도 두려움과 불안, 실망을
  없애지 못한다. 이것들 또한 강한 생각들이다. 이 생각들은

우리가 원하는 것들을 계속 멀리 보내버려 종종 우리는 한 걸음 앞으로 나아갔을 때 두 걸음 물러나게 된다.

4 뒤로 물러나지 않는 유일한 방법은 앞으로 계속 나아가는 것이다. 끊임없이 경계하는 것은 성공을 위한 대가이다. 여기에는 세 단계가 있는데, 각각의 단계는 절대적으로 필요하다. 첫째, 자신의 힘에 관해 알아야 하고 둘째, 행동할 용기를 가져야 하며 셋째, 실천할 수 있다는 믿음을 지녀야 한다.

5 이것을 기초로 하여 이상적인 사업과 이상적인 가정, 이상적인 친구, 그리고 이상적인 환경을 만들 수 있다. 우리는 재료와 비용 때문에 제한을 받지 않는다. 생각은 전능하며 필요하다면 뭐든 무한한 은행에서 가져올 수 있다. 따라서 우리에게는 무한한 자원이 주어진다.

6 하지만 우리의 이상은 반드시 예리하고 명확하며 확실해야 한다. 오늘 하나의 이상을 가졌는데 내일은 또 다른 하나의 이상을, 모레는 그것과 또 다른 이상을 갖는다면 힘이 흩어져 아무것도 이룰 수 없다. 우리가 갖는 결과는 무의미하며 혼란스럽게 낭비된 재료의 조합이 될 것이다.

7 안타깝게도 이것이 많은 사람이 얻는 결과이다. 원인은 명

백하다. 만약 어떤 조각가가 대리석 조각 하나와 조각칼 하나를 들고 15분마다 상像을 바꿔댄다면 어떤 결과를 기대할 수 있을까? 그리고 왜 우리는 모든 재료 중 가장 위대하며 원하는 대로 모양을 바꿀 수 있는 단 하나뿐인 재료를 만질 때 위와 다른 결과를 기대하는가?

8 우유부단하고 부정적인 생각의 결과는 종종 물질적인 부를 잃는 것에서 발견된다. 수년간의 고단함과 노력으로 일궈낸 경제적 자립이 갑자기 사라진다. 그때가 되어서야 돈과 재산이 자립을 뜻하는 게 아니라는 점을 종종 깨닫는다. 오히려 유일한 자립은 생각의 창조적 힘을 실제로 활용하는 지식에 있다.

9 이 실제적인 작업 방법은 '우리가 가질 수 있는 유일하고 진정한 힘은 신성하고 변하지 않는 원칙을 따라가는 힘'이라는 점을 깨닫기 전에는 알 수 없다. 우리는 무한한 존재를 변화시킬 수 없지만 자연의 법칙을 이해할 수 있다. 이를 이해한다면 우주의 생각에 우리 생각을 적용할 힘을 의식적으로 실현하게 된다. 전능한 힘과 협력하는 능력은 우리가 이뤄낼 성공의 정도를 나타낼 것이다.

10 생각의 힘과 비슷해 보이는 가짜도 많이 있다. 매력적으로

보일지라도 그 결과는 도움이 되지 않으며 해롭다.

11 물론 걱정과 두려움, 그리고 모든 부정적인 생각은 그에 합당한 결실을 맺는다. 이런 생각을 품는 사람들은 반드시 자신이 뿌린 대로 거두기 마련이다.

12 기이한 현상을 다루는 집회들을 찾아다니며 그곳에서 보여주는 증거에 관해 곰곰이 생각하는, 이른바 기이한 현상을 추구하는 사람들도 있다. 그들은 마음의 문을 열고 정신세계에서 찾을 수 있는 가장 해로운 흐름에 몸을 담근다. 그들은 자신들을 부정적이고 수용적이며 수동적으로 만들어 생명력을 모두 소진하고, 또 이러한 상황을 만드는 게 저 능력이라는 것을 알아차리지 못한다.

13 힌두 숭배자들도 있다. 이들은 힘의 근원이라는 사람들이 행하는 물질화 현상을 보고 그들을 따른다. 하지만 의지가 사라지면 그 형상도 시들고 그것을 만든 힘도 사라진다는 걸 절대 깨닫지 못하거나 잊어버린다.

14 텔레파시, 즉 생각의 전이는 상당한 관심을 받았다. 하지만 텔레파시를 수신하는 사람이 부정적인 정신 상태에 들어가야 하기 때문에 이 연습은 해롭다. 어떤 장면이나 소리를 생각에

담아 보낼 수 있지만 원칙을 바꾼 대가를 감당해야 한다.

15 분명 최면술은 대상자뿐 아니라 시술자에게도 위험하다. 정신세계를 지배하는 법칙에 익숙한 사람이라면 아무도 다른 사람의 의지를 지배하거나 지배할 시도를 하지 않을 것이다. 그렇게 함으로써 점진적이지만 확실하게 자신의 힘을 잃어갈 것이기 때문이다.

16 이 모든 잘못된 방식은 일시적인 만족감을 주고 어떤 사람들에게는 강렬한 매력을 느끼게 하겠지만 내부에 있는 힘의 세계를 제대로 이해한다면 그것과는 비교할 수 없을 정도로 큰 매력을 느낄 것이다. 그 힘은 쓸 때마다 커지며 일시적이지 않고 영원하다. 과거의 실수나 잘못된 생각에서 비롯된 결과에 대한 해결책 역할도 하고 모든 위험에서 우리를 보호하는 예방 주사 기능도 수행한다. 그리고 마지막으로 우리가 새로운 조건과 환경을 구축할 수 있는 실질적인 창조적 힘이 된다.

17 법칙에 따르면 생각이 그 대상과 연관되기에 마음의 세계에서 생각한 것이 외부 세계에서도 똑같이 생성된다. 모든 생각에 진실의 씨앗이 숨겨져 있음을 알게 되면 성장의 법칙이 우리에게 선을 드러낸다는 점을 깨닫는다. 오직 선만

이 영원한 힘을 부여할 수 있기 때문이다.

18 생각을 그 대상과 연결 짓고 그렇게 함으로써 모든 불리함을 극복할 역동적인 힘을 주는 원칙의 또 다른 이름은 끌어당김의 법칙이다. 또 다른 말로 사랑이라고도 하는 이 끌어당김은 모든 것에 존재하며 영원한 근본 원리다. 모든 철학과 종교, 과학에도 내재되어 있다. 사랑의 법칙에서 벗어날수는 없다. 생각에 생명력을 부여하는 것이 사랑이다. 느낌은 바람이고 바람은 사랑이다. 그 무엇도 사랑으로 가득 찬생각을 이기지 못한다.

19 생각의 힘을 이해하는 곳이라면 어디에서든 이 진리가 강조된다. 우주의 마음은 지능을 지닌 존재일 뿐 아니라 재료이다. 이 재료는 끌어당김의 법칙에 의해 전자들이 서로 결합하여 원자를 형성한다. 원자들은 같은 법칙에 의해 서로결합하여 분자를 형성하고 형성된 분자는 외적인 형태를띤다. 그래서 우리는 사랑의 법칙이 원자뿐 아니라 온 세계와 우주, 그리고 상상할 수 있는 모든 것을 표현하는 창조적힘이라는 점을 깨닫는다.

20 모든 시대를 막론하고 자신의 청원이나 욕구에 응답하고, 그에 따라 일을 계획하는 개인적인 존재, 즉 인격화된 신이

있다고 믿게 만든 것이 이 놀라운 끌어당김의 법칙이 작용한 것이다.

21   생각과 사랑이 결합해 거부할 수 없는 힘, 즉 끌어당김의 법칙이 만들어진다. 모든 자연 법칙은 거부할 수 없다. 중력이나 전기의 법칙, 또 다른 어떤 법칙도 수학적으로 정확히 작동한다. 변형은 없다. 불완전한 것은 전달 매체나 매개체뿐이다. 다리가 무너진다고 해도 우리는 그 붕괴를 중력 법칙의 변화 때문이라고 생각하지 않는다. 마찬가지로 불이 들어오지 않아도 전기의 법칙을 믿을 수 없다고 결론 내지는 않는다. 그렇기 때문에 경험이 부족하거나 잘 알지 못하는 사람에 의해 끌어당김의 법칙이 불완전하게 작용하는 것처럼 보여도, 모든 창조 체계를 지탱하는 오류 없는 법칙이 중단되었다고 생각하면 안 된다. 수학에서 항상 어려운 문제의 해답이 쉽게 얻어지지 않는 것과 같은 이유이다. 법칙을 더 잘 이해해야 한다는 결론을 내려야한다.

22   모든 것은 먼저 마음과 영혼의 세계에서 창조되고 그다음 외부 세계에서 행위나 사건으로 드러난다. 오늘날 자기 생각의 힘을 다스리는 단순한 과정이 미래에, 심지어 내일 우리 삶에 닥칠 사건들을 만들어내는 것에 도움이 된다. 자신의 바람을 잘 키워나가는 것은 끌어당김의 법칙을 실제로

움직이는 가장 강력한 수단이다.

23 먼저 생각할 힘을 얻기 위한 도구를 만들어야 한다. 그와 연
    관된 뇌세포가 그것을 받아들일 준비가 되기 전까지 마음
    은 완전히 새로운 생각을 이해하지 못한다. 우리가 완전히
    새로운 생각을 받아들이거나 이해하는 게 왜 그토록 어려
    운가에 대한 해답이 바로 이것이다. 그것을 받아들일 뇌세
    포가 없어 믿지 못하는 것이다.

24 따라서 우리가 끌어당김의 법칙의 전능함과 그것을 적용할
    과학적인 방법에 익숙하지 않다면, 또 제공되는 자원을 활
    용할 사람들에게 개방되는 무한한 가능성에 낯선 기분을
    느낀다면 지금 무한한 힘을 이해하는 데 필요한 뇌세포를
    만들기 시작하라. 그 힘은 자연의 법칙과 협력했을 때 우리
    의 소유가 될 것이다. 이는 집중 또는 주의를 기울이는 것에
    의해 이루어진다.

25 의도가 주의력을 지배한다. 힘은 평온함을 통해 나온다. 집
    중하면 깊은 생각과 지혜로운 말, 그리고 높은 잠재력을 가
    진 모든 힘을 얻을 수 있다.

26 모든 힘이 드러나는 잠재의식의 전능한 힘을 접하게 되는

것은 침묵 속에서이다.

27   지혜와 힘, 계속되는 성공을 바라는 사람은 이를 오직 내부
     에서만 찾을 수 있다. 이는 일종의 '펼쳐짐'이다. 생각하지
     않는 사람들은 침묵에 이르는 것이 매우 단순하고 쉽다고
     결론 내릴지 모른다. 하지만 절대적인 침묵에서만 신성함과
     만날 수 있다. 그리고 불변의 법칙을 배우며 꾸준한 연습과
     집중을 할 때 비로소 완벽으로 이어지는 통로를 열 수 있다.

28   이번에도 같은 방으로 가서 같은 의자에 지금까지와 같은
     자세로 앉자. 그리고 몸과 마음의 긴장을 풀고 이완한다. 항
     상 이렇게 해야 한다. 압박감 속에서는 어떤 정신적인 일도
     하지 마라. 근육과 신경이 긴장하지 않도록 해야 할 것이다.
     이제 전능함과 자신이 하나라는 것을 느껴라. 그 힘을 접하
     고, 생각하는 힘이 우주의 마음에 작용해 현실화하는 능력
     이라는 것을 마음속 깊이 이해하고 감사하고 깨달아라. 이
     렇게 하면 어떤 요구든 이룰 수 있다. 어떤 사람이 했거나
     앞으로 할 일이라면 우리에게도 똑같은 잠재력이 존재한다
     는 것을 알아라. 각각의 사람은 우주의 마음이 제각기 표현
     된 것이며 우주의 일부일 뿐이기 때문이다. 근본은 같고 크
     기만 다르다.

생각은 드러나지 않는 것을 상상할 수 없다.
처음 누군가 제안하면
그것을 실행할 사람이 나타날 것이다.

ㅡ 윌슨Wilson

생각은 창조의 힘을 가지고 있다

1   자주 일어나지 않아 예외가 되는 것들을 일반화해 일상적
    인 사실을 설명하려 한 것이 지금껏 과학이 보여 온 성향과
    의무였다. 예를 들어 화산 폭발은 지구 내부에서 지속적으
    로 활동하는 열이 방출되는 것인데, 현재의 지구를 만든 것
    은 바로 그 열 때문이라고 결론내리는 식이었다.

2   또 번개는 무생물계에서 계속해서 변화를 일으키는 미묘한
    힘을 드러낸다. 지금은 거의 듣지 못하는 과거의 언어들도
    한때는 여러 나라에서 지배적으로 쓰였다. 이처럼 시베리아

에서 찾아낸 거대한 이빨이나 깊은 땅속에서 발견한 생물의 화석도 과거 시대의 진화에 관한 기록을 보여줄 뿐 아니라 오늘날 우리가 보는 언덕과 계곡의 기원을 설명해준다.

3 이처럼 희귀하거나 특이하고 예외적인 사실의 일반화는 귀납적 과학이 달성한 모든 발견들을 안내하는 자석 바늘의 역할을 수행했다.

4 이 방법은 이성과 경험을 바탕으로 하여 미신과 선례, 관습을 파괴한다.

5 200년도 더 전에 베이컨은 귀납법을 제안해 문명화된 나라들이 번영을 누리게 하고 더 가치 있는 지식을 얻도록 크게 도움을 주었다. 선입견과 특정 이론에서 벗어나는데 그 어떤 예리한 풍자보다 효과적이었다. 대중의 무지를 강력히 입증하는 게 아니라 놀라운 실험을 통해 사람들의 관심을 성공적으로 이끌었다. 또 마음의 고유한 법칙을 계몽하기보다는 가까운 미래에 더 유용한 발견들의 활용을 전망해, 인간의 창조적인 능력을 훨씬 더 강력히 교육했다.

6 베이컨의 방법은 그리스의 위대한 철학자들이 품은 정신과 목표를 이해하고 다른 시대의 새로운 방법을 통해 그것을

효과적으로 구현하는 것이다. 그 결과 천문학과 발생학, 지리학에 놀라운 새로운 발견을 가져왔다. 아리스토텔레스의 논리도 결코 밝혀낼 수 없었던 파동의 체계를 밝혀냈고, 학자들의 어떤 변증법도 분리할 수 없었던 물질적인 조합을 전에 알려지지 않았던 요소로 분석했다.

7   귀납법은 인간의 수명을 연장했고 고통을 줄였다. 또 병을 사라지게 했으며 땅을 비옥하게 만들었고, 항해하는 사람들에게는 새로운 보호 장비를 제공했다. 조상들이 생각도 못했던 형태의 다리로 넓은 강이 이어졌으며 하늘에서 땅으로 번개가 스며들었다. 찬란한 낮처럼 밤을 밝혔으며 우리의 시야를 넓혔고 근육의 힘도 증가시켰다. 인간을 빨리 움직일 수 있게 했고 거리를 단축했으며 모든 통신과 교류, 그리고 사적인 편지와 사업상 급한 소식을 전달하기 쉽게 했다. 바다 깊은 속으로 내려갈 수 있게 했으며 하늘로 날아오르고, 또 땅 깊은 곳까지도 안전하게 들어갈 수 있게 했다.

8   이것이 귀납법의 진정한 본질이자 영역이다. 하지만 귀납적 과학에서 우리가 성취한 성공이 클수록 일반적인 법칙을 공표하기 전에 활용할 수 있는 모든 도구와 자원과 함께 각각의 사실을 주의 깊고, 인내심 있고, 또 정확하게 관찰해야 한다.

9   미국의 과학자이자 발명가이기도 했던 프랭클린Franklin이
    번개의 특성을 알아내기 위해 구름에 연을 날린 것, 또 갈
    릴레오가 어떤 방법으로 물체의 낙하를 정확히 알아냈는지
    확인하기 위해 뉴턴이 만유인력에 관심을 가진 것을, 다양
    한 상황에서 전기 기계로부터 방출되는 스파크를 확인하기
    위해 참고할 수 있다.

10 간단히 말해 우리가 진리에 가치를 두고 꾸준하고 보편적
    인 발전을 희망하며, 환영받지 못하는 사실을 무시하거나
    훼손하는 전제군주처럼 행동하지 않고, 가장 빈번한 현상은
    물론이고 잘 알려지지 않은 현상에도 전적으로 관심을 기
    울이는 등 광범위하고 변하지 않는 기반 위에 과학의 상부
    구조를 세워야 한다.

11 관찰과 수집을 통해 지속적으로 나아가도 그렇게 축적된 사
    실은 자연을 설명하는데 각기 다른 방향성을 지닌다. 우리
    가 인간의 자질들 중 흔하지 않은 자질을 가장 높게 평가하
    는 것처럼 자연 철학에서도 일상적인 삶의 관찰로 설명할
    수 없는, 더 놀라운 것들에 더 각별한 중요성을 부여한다.

12 만약 그렇다면, 어떤 사람들이 특이한 힘을 가지고 있는 것
    처럼 보일 때 어떤 결론을 내려야 할까? 먼저 그것이 사실

이 아니라고 말할 수 있다. 하지만 이는 우리가 지식이 부족하다는 사실을 인정하는 셈이다. 정직한 관찰자들은 누구도 설명할 수 없는 이상한 현상이 끊임없이 일어났다는 사실을 인정하기 때문이다. 그러나 생각의 창조적인 힘을 알게 된 사람은 더 이상 그것이 설명할 수 없는 일이라고 생각하지 않을 것이다.

13 두 번째로 초자연적 힘의 간섭에서 비롯된 결과라고도 말할 수 있다. 하지만 자연의 법칙을 과학적으로 이해하면 초자연적인 것은 없다는 점을 확신하게 된다. 모든 현상은 정확하고 분명한 원인의 결과이고, 원인은 변하지 않는 법칙 또는 원칙이다. 이 법칙은 의식적이든 무의식적이든 변함없이 정확하게 작동한다.

14 세 번째로 우리는 그것이 '금지된 영역'에 있어 우리가 몰라야 할 몇 가지에 포함된다고 말할 수 있다. 이런 반대 주장은 인류의 모든 지식이 발전하는 데 장애물로 작용해 왔다. 콜럼버스나 다윈, 갈릴레오, 풀턴, 에머슨 등 새로운 아이디어를 내놓았던 사람들은 모두 조롱이나 박해를 받았다. 그래서 우리는 이 의견을 주의 깊게 검토할 필요가 없다. 하지만 반대로 드러난 사실들은 모두 섬세하게 고려해야 할 것이다. 그러면 그것의 기초가 된 법칙을 더 쉽게 확인할 수

있다.

15 생각의 창조적인 힘이 육체적이든, 정신적이든, 영적이든 간에 모든 경험과 조건을 설명해 준다는 것을 알게 될 것이다.

16 생각은 지배적인 마음가짐과 일치하는 조건을 가져온다. 그래서 만약 우리가 재난을 두려워한다면, 두려움은 강력한 사고의 한 형태이기 때문에 그 사고의 확실한 결과로 재난이 나타날 것이다. 이런 사고의 형태는 종종 수년간의 노력과 수고로움의 결과를 쓸모없게 만들어 버린다.

17 우리가 어떤 형태의 물질적 부에 관해 생각한다면 그것을 얻을 수 있다. 생각을 집중하면 바라는 조건이 나타나 적절한 노력을 통해 바람을 실현하는 데 필요한 상황이 충족될 것이다. 하지만 또 우리는 종종 바란다고 생각했던 것들을 얻었을 때 기대했던 결과와 다르다는 사실을 깨닫는다. 즉, 일시적인 만족만 얻거나 기대했던 것과 반대의 상황이 펼쳐질 수도 있다.

18 그러면 적절한 방법은 무엇일까? 진정으로 원하는 걸 얻으려면 어떤 생각을 해야 할까? 당신과 나, 우리 모두가 원하는 것은 행복과 조화이다. 우리가 진정으로 행복하다면 세

상이 우리에게 줄 수 있는 모든 것을 가지게 된다. 스스로 행복하다면 다른 사람도 행복하게 할 수 있다.

19 하지만 건강과 힘, 마음이 맞는 친구, 쾌적한 환경, 그리고 필요한 것을 충족시키는 정도가 아니라 편안함과 풍족함을 제공해주는 수준의 것들이 갖춰지지 않는 한 우리는 행복할 수 없다.

20 전통적인 사고방식에서는 우리가 '벌레'처럼 주어진 몫에 만족한다는 식이었다. 하지만 현대의 사고방식은 모든 것 중 최고의 것을 가질 권리가 있고, '나와 아버지는 하나'이며, '아버지'는 우주의 마음, 창조주, 근본적인 원료로서 모든 것을 창조하는 존재라는 점을 아는 것이다.

21 이것이 모두 이론적으로 사실이고 2천 년 동안 사람들에게 가르쳐 온 것이며, 또 모든 철학과 종교의 본질이라는 것을 인정한다면 이제 우리는 어떻게 이를 삶에서 실제로 나타나게 할 수 있을까? 지금 여기서 어떤 방법으로 실질적이고 가시적인 결과를 얻을 수 있을까?

22 우선 알고 있는 지식을 실행에 옮겨야 한다. 이것 말고 다른 방법으로는 어떤 것도 성취할 수 없다. 운동선수가 평생 신

체적 훈련에 관한 책을 읽고 교훈을 얻어도 실제 연습을 통해 힘을 쓰지 않는 한 아무런 힘도 얻지 못한다. 결국 자신이 주는 그대로를 정확히 얻을 것이다. 하지만 먼저 주어야 한다. 우리도 이와 같다. 우리 역시 우리가 주는 것을 정확히 그대로 얻으니 먼저 주어야 한다. 그러면 몇 배로 돌아오기 때문이다. 주는 것은 마음속에서 이뤄진다. 생각이 원인이고 조건이 결과이기 때문이다. 따라서 우리는 용기나 영감, 건강과 도움에 관한 생각을 줄 때, 그 결과가 나타나게 하는 원인을 만들어 내고 있다.

23 생각은 영적 활동이기에 창조적이다. 하지만 실수하면 안 된다. 의식적이고 체계적이고 건설적으로 지시하지 않으면 생각은 아무것도 만들지 않는다. 그리고 이것이 바로 단순히 노력이 낭비될 뿐인 게으른 생각과 사실상 무한한 성취를 의미하는 건설적인 생각의 차이점이다.

24 우리는 자신이 얻는 모든 것이 끌어당김의 법칙에 의해 생긴다는 것을 깨달았다. 행복한 생각은 불행한 의식 속에 존재하지 않는다. 그래서 의식이 변해야 한다. 의식이 변하면 조건들이 새로운 상황의 조건을 맞추기 위해 그 변화된 의식에 어울리는 방향으로 점차 변해 간다.

25 마음의 그림이나 이상을 창조할 때 우리는 모든 것이 창조되는 우주의 마음에 생각을 투영하고 있다. 이 우주의 마음은 전지전능하고 어디에나 존재한다. 이 전지전능한 존재에게 우리의 요구를 구체화하기 위해 사용할 적절한 통로에 관해 말해주어야 할까? 유한한 존재가 무한한 존재에게 조언할 수 있을까? 이것이 바로 실패의 원인이다. 모든 실패의 원인. 우리는 우주의 마음이 어디에나 존재한다는 점은 알지만 그것이 전지전능하다는 것, 그래서 결과적으로 우리가 완전히 알지 못하는 원인들까지 움직이게 한다는 것을 알아차리지 못한다.

26 우리는 우주의 마음속 무한한 힘과 지혜를 인식함으로써 우리 이익을 가장 잘 보존할 수 있고, 이러한 방식으로 무한한 존재가 우리 욕망을 실현하는 통로가 되도록 만들 수 있다. 즉, 인식하면 실현된다는 뜻이다. 그러니 이번 연습에서는 우리가 전체의 일부라는 것을 인식하고 부분은 전체와 근본적으로 같다는 점을 인지하자. 있을 수 있는 차이점은 크기 정도인 것도 인정하자.

27 이 엄청난 사실이 우리 의식에 스며들기 시작할 때, 우리와 나, 곧 생각하는 영혼이 위대한 전체의 필수 부분이라는 것을 깨닫는다. 또 영혼과 창조자가 실체와 본질, 바탕이 서로

같다는 것도 깨닫는다. 뿐만 아니라 창조주가 자신과 다른 존재를 만들 수 없다는 것도 알아차릴 수 있다. 이때 우리는 '나와 아버지는 하나'라고 말할 수 있고, 아름다움과 장엄함, 초월적인 기회를 우리가 하고 싶은 대로 활용할 수 있음을 이해하게 된다.

제일 진실한 관심을 찾아내는 지혜를 키워주시고
그 지혜가 말하는 대로 실천할 결의 또한
굳게 해주소서.

— 프랭클린Franklin

열네 번째 마스터키

우주의 마음은
힘, 지혜, 지성의 근원이다

1   모든 움직임과 빛, 열과 색의 기원인 우주의 에너지는 자신
    이 원인이 되는 많은 결과물처럼 한계를 지니지 않는다. 우
    주의 에너지는 그런 결과들을 모두 초월한다. 이 우주의 마
    음은 모든 힘과 지혜, 그리고 지성의 근원이다.

2   이 우주의 마음을 인지하면 학습 능력을 알게 되고 그것을
    통해 우주의 마음을 작동시켜 우리 삶을 조화롭게 만들 수
    있다.

3 이것은 가장 학식이 높은 물리학 선생들도 시도하지 않은 방법이다. 그들이 시도해 보지 않았던 발견 분야인 것이다. 사실 물질주의적인 학교들 중에 이러한 것을 조금이라도 이해한 곳이 거의 없다. 지혜가 힘이나 물질처럼 어디에나 존재한다는 것을 그들은 알아차리지 못한 듯하다.

4 누군가는 말할 것이다. "만약 이 원칙들이 사실이라면 우리는 왜 그것들을 입증하지 못하는가?" 기본 원칙은 분명히 옳은데 왜 적절한 결과를 얻지 못하냐고도 말할 것이다. 우리는 결과를 얻는다. 법칙을 이해하는 정도와 적절하게 적용하는 능력에 부합하는 결과를 얻는다. 누군가 전기에 관한 법칙을 만들고 그것을 적용하는 방법을 알려주기 전까지 우리는 전기의 법칙으로 아무 결과도 얻지 못했다.

5 이를 통해 우리는 환경과 완전히 새로운 관계를 맺게 된다. 지금까지 꿈꾸지 못했던 가능성을 열게 된다. 이것은 새로운 마음가짐에 자연스럽게 수반되는 질서 있는 법칙에 따라 이뤄진다.

6 마음에는 창조하는 힘이 있으며, 이 법칙의 근거가 되는 원리는 바르고 합법적이며 사물의 본질에 내재되어 있다. 하지만 창조적인 힘은 개인이 아닌 우주의 마음에서 비롯된

다. 우주의 마음은 모든 에너지와 원료의 원천이다. 개인은 단지 이 에너지를 분배하는 통로일 뿐이다. 개인은 우주가 다양한 조합을 생성해 현상을 일으킬 때 쓰는 수단이다.

7 우리는 과학자들이 물질을 엄청난 수의 분자로 분해했다는 것을 알고 있다. 이 분자들은 원자로 분해되었고 다시 원자는 전자로 분해되었다. 아주 단단한 금속으로 된 단자를 넣은 고진공 유리관 실험에서 전자가 발견되었다. 이는 전자들이 모든 공간을 가득 채우고 있다는 것을 알려주는 결정적 증거이다. 전자는 모든 물질에 들어 있으며 우리가 비었다고 하는 공간을 차지하고 있다. 이것이 바로 모든 것이 생성되는 우주의 물질이다.

8 전자는 원자와 분자로 합쳐지도록 방향성이 정해지지 않는한 영원히 전자로 남는다. 여기서 전자의 방향을 정해주는 것이 바로 마음이다. 하나의 힘이 중심이 되어 그 주위를 회전하는 수많은 전자가 원자를 구성한다. 절대적으로 규칙적인 수학 비율에 따라 원자들이 결합해 분자를 형성하고, 이것들이 서로 결합해 우주를 만드는 다수의 화합물을 형성한다.

9 알려진 가장 가벼운 원자는 수소이며, 수소는 전자보다

1,700배나 무겁다. 수은의 원자는 전자보다 30만 배 무겁다. 전자는 순수한 음의 전기이며 열과 빛, 전기와 생각 등의 에너지와 같은, 299, 792, 458m/s라는 잠재 속도를 갖기에 시간이나 공간을 고려할 필요가 없다. 빛의 속도를 확인한 방법은 꽤 흥미롭다.

10   빛의 속도는 1676년 덴마크의 천문학자 뢰머Roemer가 목성 위성들의 일식, 월식 등의 식을 관찰해 알아냈다. 지구와 목성과의 거리가 가장 가까울 때 식이 계산보다 8분 30초 정도 빨리 나타났고, 반대로 둘의 거리가 가장 멀리 떨어져 있었을 때 식이 계산보다 8분 30초 정도 늦게 나타났다. 뢰머는 행성의 빛이 목성에서 지구까지의 거리를 이동하는 데 17분이 걸리는 것이 이유라고 결론 내렸다. 이 계산은 이후 검증되었고, 빛이 1초에 약 30만 킬로미터라는 속도로 움직인다는 것을 증명했다.

11   전자는 우리 몸속에서 세포로 나타나며 몸에서 각각 기능하기에 충분한 마음과 지능을 지닌다. 신체의 모든 부위는 세포로 구성되어 있으며, 그중 일부는 독자적으로 움직이고 일부는 무리를 지어 움직인다. 또 어떤 세포는 몸에 필요한 다양한 분비물의 형성에 관여하는 반면 일부는 조직을 만드는데 분주하다. 또 다른 일부는 물질을 운반하는 역할

을 하며 다른 일부는 손상을 고치는 의사 역할을 한다. 어떤 세포들은 폐기물을 버리는 청소부 역할을 하며, 또 다른 세포는 끊임없이 침입자나 세균처럼 달갑지 않은 침입자들을 물리칠 준비를 하고 있다.

12 모든 세포는 공통된 목적을 위해 움직이고 있으며, 각각은 살아있는 유기체일 뿐 아니라 필요한 임무를 수행하기에 충분한 지능을 지니고 있다. 또 에너지를 보존하고 자신의 생명을 유지할 지능도 충분하다. 따라서 세포는 충분한 영양을 확보해야 한다. 그런데 이 영양의 선택에 나름대로 선택권을 행사한다는 사실이 밝혀졌다.

13 각각의 세포는 태어나고 번식하며 죽고 흡수된다. 건강과 생명의 유지는 이 세포들의 끊임없는 재생에 달려 있다.

14 그러므로 몸의 모든 원자에 마음이 있다는 사실은 명백하다. 이 마음은 부정적인 마음인데, 인간의 생각하는 힘은 긍정적인 마음으로서 저 부정적인 마음을 통제할 수 있다. 이것이 바로 형이상학 치유에 관한 과학적인 설명이다. 이를 통해 모두가 저 주목할 만한 현상의 원리를 이해할 수 있다.

15 신체의 모든 세포에 들어있는 이 부정적인 마음은 우리의

의식 없이 행동하기에 잠재의식이라고 불려왔다. 우리는 또한 이 잠재의식이 의식의 의지에 반응한다는 점을 발견했다.

16 모든 것은 마음을 기원으로 하며 겉으로 드러난 것들은 생각의 결과이다. 따라서 물질 자체에 기원이나 영속성, 실체가 없다는 것을 알 수 있다. 생각에 의해 만들어지기 때문에 생각에 의해 지워질 수 있다.

17 정신과학에서도 자연 과학에서처럼 실험이 이루어지고 있다. 각각의 발견은 인간을 더 가능한 목표를 향해 한 단계 더 가까이 다가가게 만든다. 우리는 모두 살아가는 동안 했던 생각이 반영된 존재라는 점이 밝혀지고 있다. 이는 얼굴과 모습, 성격과 환경에서 드러난다.

18 모든 결과 뒤에는 원인이 있다. 출발점까지 거슬러 올라가면 결과의 원인이 된 창조적 원리를 찾을 것이다. 이에 관한 증거는 이제 매우 완벽해서, 이 진리는 일반적으로 받아들여지고 있다.

19 외부 세계는 보이지 않는, 그리고 지금까지 설명할 수 없었던 힘에 의해 통제된다. 우리는 지금까지 이 힘을 인격화하고 신이라 불렀다. 그러나 이제는 이것을 무한함 또는 우주

의 마음, 즉 모든 것에 스며드는 본질 또는 원리로 볼 수 있게 되었다.

20 무한하고 전능한 우주의 마음은 무한한 자원을 지니며 그것을 원하는 대로 쓸 수 있다. 그리고 그것이 어디에나 존재한다는 것을 기억한다면 우리가 우주의 마음의 표현이나 발현임이 분명하다는 결론을 피할 수 없다.

21 잠재의식의 자원을 인식하고 이해하면 잠재의식과 우주의 마음의 유일한 차이가 크기 정도라는 사실을 깨닫게 된다. 물 한 방울과 바다가 다른 것과 같은 이치이다. 둘은 본질이 같고 크기만 다르다.

22 이 중요한 사실의 가치를 이해할 수 있는가? 이 엄청난 사실을 인지하면 전능한 힘과 접촉하게 된다는 것을 알게 되었는가? 잠재의식이 우주의 마음과 우리 의식을 연결하는 고리라면 의식이 잠재의식에 생각을 의식적으로 제시할 수 있고, 잠재의식이 그 생각을 움직이게 하는 것이 분명하다. 잠재의식은 우주의 마음과 하나이므로 그 활동에 제한이 없다는 점 또한 명백하다.

23 이 원리를 과학적으로 이해하면 기도의 힘으로 확보되는

놀라운 결과를 이해할 수 있다. 이렇게 확보되는 결과는 특별한 은총으로 주어지는 것이 아니라 반대로 완벽하게 자연의 법칙이 작동한 결과이다. 따라서 여기에 종교적이거나 신비스러운 요소는 존재하지 않는다.

24 하지만 잘못된 생각이 실패의 원인이 되는 것이 분명한데도, 바른 생각을 하는 데 필요한 연습을 할 준비가 되지 않은 사람들이 많다.

25 생각은 유일한 실체이다. 조건은 단지 겉으로 드러난 현상일 뿐이다. 생각이 변하면 모든 외적이고 물질적인 조건은 그것의 창조주, 즉 생각과 조화를 이루기 위해 변해야 한다.

26 하지만 생각은 분명하고 꾸준하며 확고하고 변하지 않아야 한다. 우리는 한 걸음 나아가고 두 걸음 물러서도 안 되고, 20~30년 동안 부정적인 생각을 해서 부정적인 조건을 만드는 데 시간을 허비해 놓고 고작 15~20분 동안 바른 생각을 했다고 그 결과들이 전부 없어지는 것을 기대해서도 안 된다.

27 만약 삶을 근본적으로 바꾸기 위해 필요한 연습에 들어간다면 반드시 신중하게 생각하고 충분히 고려한 뒤에 행동해야 한다. 또 그렇게 행동한 다음에는 어떤 일도 내린 결정

에 방해가 되지 않도록 해야 한다.

28 이런 연습과 생각의 변화, 마음가짐은 우리가 누릴 최고의
    삶과 행복에 필요한 물질을 가져다줄 뿐 아니라 건강과 조
    화로운 조건들까지 가져다줄 것이다.

29 삶에서 조화로운 조건을 원한다면 조화로운 마음가짐을 길
    러야 한다.

30 우리의 외부 세계는 내부 세계의 거울이 될 것이다.

31 이번 연습에서는 조화에 집중하자. 집중이라고 할 때는 단
    어의 의미 그대로를 의미한다. 조화 외에는 아무것도 의식
    하지 않도록 매우 깊이, 그리고 진지하게 생각하라. 기억하
    자. 우리는 행동함으로써 배운다. 책에 적힌 내용을 읽기만
    해서는 아무 소용이 없다. 실제로 해봐야 내용의 가치가 살
    아난다.

문을 닫고, 마음에서 멀어지게 하고,
너의 세상에서도 멀어지게 하는 법을 배우라.
도움이 되지 않는 모든 것들을

— 조지 매튜 애덤스 George Matthew Adams

열다섯 번째 마스터키

성장은 상호작용으로 일어난다

1   우리가 사는 세계를 다스리는 법은 오직 우리의 이익을 위
    해 고안된 것이다. 이 법들은 변하지 않으며 우리는 이 법들
    의 영향에서 벗어날 수 없다.

2   모든 위대하고 영원한 힘은 엄숙한 침묵 속에서 움직이지
    만 우리는 그 힘과 조화를 이루고, 그렇게 함으로써 평화롭
    고 행복한 삶을 꾸려나갈 수 있다.

3   어려움과 부조화, 장애물 등은 우리가 필요한 것을 받아들

이지 않거나 더 이상 필요하지 않은 것을 버리려고 하지 않음을 나타낸다.

4 성장은 오래된 것을 새 것으로, 좋은 것을 더 좋은 것으로 바꾸는 것을 통해 이뤄진다. 성장은 상호 작용으로 일어난다. 우리는 각자 완전한 사고의 실체이며, 이 완전함 때문에 자신이 주는 대로만 받을 수 있다.

5 자신이 가진 것에 집요하게 매달린다면 부족한 것을 얻을 수 없다. 왜 특정한 것을 끌어당기는지 감지하면 의식적으로 조건을 조절할 수 있다. 또 각각의 경험에서 성장에 필요한 것만 뽑아낼 수도 있다. 이런 능력이 우리의 조화로움과 행복의 수준을 결정한다.

6 우리의 성장에 필요한 게 무엇인지 아는 능력은 더 높고 넓은 차원에 도달할 때마다 계속 커진다. 또 필요한 것을 아는 능력이 향상될수록 더 확실하게 그것의 존재를 식별하고 끌어당겨 흡수할 수 있다. 성장에 필요한 것만 우리에게 오게 할 수 있다.

7 우리에게 오는 모든 조건과 경험은 우리의 이익을 위한 것이다. 어려움과 장애는 우리가 그 지혜를 흡수하고 더 많은 성

장의 본질이 되는 것들을 모을 때까지 계속 찾아올 것이다.

8 뿌린 대로 거둔다는 말은 수학적으로 정확하다. 우리는 어려움을 극복하는 데 필요한 노력의 정도만큼의 힘을 지속적으로 얻는다.

9 필연적인 성장을 위해서는 자신과 완벽하게 조화를 이루는 것을 최대한 끌어당겨야 한다. 최고의 행복은 우리가 자연의 법칙에 관해 이해하고 그에 의식적으로 협력할 때 가장 잘 다가온다.

10 생각은 창조적이고 이 법칙의 기초가 되는 원리는 만물에 내재되어 있다. 그러나 생각이 생명력을 가지려면 사랑이 담겨 있어야 한다.

11 사랑은 생각에 생명력을 부여하며 싹을 틔운다. 끌어당김의 법칙과 사랑의 법칙은 동일하다. 이 법칙은 생각이 성장하고 성숙하는 데 필요한 재료들을 가져다준다.

12 생각이 처음으로 나타나는 형태는 언어 또는 말이다. 말이 중요한 이유가 바로 이것이다. 말은 생각의 첫 번째 표현이며 생각이 이뤄지는 그릇이다. 말은 공기를 움직여 소리의

형태로 다른 사람의 안에서 그 생각을 재생시킨다.

13 생각은 특정 행동으로 이어질 수 있지만, 그 행동이 무엇이
든 간에 그것은 생각이 단순히 보이는 형태로 자신을 표현
하려는 시도이다. 따라서 우리가 바람직한 조건을 원한다면
오직 바람직한 생각만 받아들일 수 있다.

14 그렇기에 우리가 삶에서 풍요로움을 표현하고자 하면 풍요
로움만 생각해야 한다는 결론에 이른다. 말은 생각이 형태
를 띠는 것이기 때문에 건설적이고 조화로운 언어만 사용
하도록 특히 주의해야 한다. 이러한 언어가 마침내 외부 형
태로 결정화되어 모습을 드러낼 때 우리에게 유리하다는
것이 증명될 것이다.

15 우리는 스스로, 마음에 끊임없이 찍히는 사진들에서 벗어날
수 없다. 그래서 우리가 행복과 조화를 이루지 않는 어떤 형
태의 말을 할 때 잘못된 개념이 사진으로 찍힌다.

16 우리는 생각이 명확해지고 더 고차원이 될수록 더 많은 생
명을 나타낸다. 명확하게 정의된 언어와 저차원적 생각을 지
워낸 언어를 쓸 때 때 더 쉽게 이런 상황을 마주할 수 있다.

17　우리는 언어를 통해 생각을 표현한다. 더 높은 차원의 진리를 활용하려면 그러한 목적을 가지고 신중하고 지혜롭게 선택한 재료만 사용해야 한다.

18　생각을 말의 형태로 만드는 이 놀라운 힘이 인류를 다른 동물과 구분 짓는다. 기록된 언어를 사용함으로써 인류는 수세기 뒤도 돌아보고 현재까지 있었던 상황들을 알 수 있다.

19　인류는 역사상 가장 위대했던 작가 및 사상가들과 교감할수도 있다. 오늘날 우리에게 전해진 기록들은 인류의 마음속에 형상으로 자리하길 바라온 우주의 생각이 표현된 것이다.

20　우주의 생각은 형태를 만들기 위해 존재한다. 그리고 우리 마음도 생각을 항상 형태로 표현하기 위해 노력한다. 언어는 생각의 구현이며 문장은 구현된 생각이 조합된 것이다. 따라서 아름답고 강한 이상을 원한다면 그것을 현실로 만들어 낼 말을 정확하고 조심스럽게 골라야 한다. 말과 문장을 만들 때의 정확성이 문명사회에서의 최고의 건축술이자 성공으로 향하는 통행증이기 때문이다.

21　말은 생각이며 주어진 형태로 물질화되어 드러날, 눈에 보

이지 않는 무적의 힘이다.

22 말은 영원히 살 마음의 궁전이 될 수도 있고, 바람 한 번으로 날아갈 판잣집이 될 수도 있다. 말은 귀뿐만 아니라 눈을 즐겁게 할 수도 있다. 말에는 모든 지식을 담을 수 있다. 말에서 우리는 과거의 역사와 미래의 희망을 찾는다. 말은 모든 인간적이고 초인간적인 활동이 탄생하는 살아있는 전령이다.

23 말의 아름다움은 생각의 아름다움에, 또 말의 힘은 생각의 힘에 달려있다. 그리고 생각의 힘은 그 생명력에 좌우된다. 우리는 어떤 생각이 생명력이 있는지 어떻게 구분할 수 있을까? 특징은 무엇일까? 분명 원칙이 있을 것이다. 그렇다면 그 원칙을 어떻게 알아낼 것인가?

24 그 원칙은 수학에는 있지만 오류에는 없다. 또 건강에는 있지만 질병에는 없다. 그리고 진리에는 있지만 거짓에는 없다. 빛에는 있지만 어둠에는 없다. 풍요에는 있지만 빈곤에는 없다.

25 이것이 사실이라는 걸 어떻게 알 수 있을까? 수학의 원칙을 올바르게 적용한다면 확실한 결과를 얻기 때문이다. 건강하

다면 질병에 걸리지 않는다. 진리를 안다면 거짓에 속지 않는다. 또 빛이 있다면 어둠이 있을 수 없으며 풍요로운 곳에는 빈곤이 있을 수 없다.

26 이것들은 명백한 사실이지만, 진짜 중요한 진실, 원칙이 있는 생각은 활기가 있으며, 따라서 생명력을 지니고 있어 뿌리를 내리기 때문에 생명력이 없는 부정적인 생각을 결국 지운다는 진실이 간과되어 온 것으로 보인다.

27 하지만 이 덕분에 우리는 모든 부조화와 부족 및 한계를 파괴할 수 있게 될 것이다.

28 '깨달을 수 있을 정도로 지혜로운' 사람은 생각의 창조적인 힘이 자기 손에 쥐어진 무적의 무기이며, 그것으로 자신이 운명의 주인이 될 수 있다는 점을 쉽게 인지할 수 있을 것이다.

29 물질세계에는 "어디에서든 일정량의 에너지가 나타나면 다른 곳에서 그만큼의 에너지가 사라진다."라는 보존의 법칙이 있다. 그래서 우리는 우리가 주는 것만 얻을 수 있다는 것을 알 수 있다. 어떤 행동을 하겠다고 결정한다면 우리는 그 행동에서 비롯될 결과를 책임질 준비를 해야 한다. 잠재

의식은 판단하지 못한다. 그저 우리가 주는 대로 받아들일 뿐이다. 우리는 과거에 무언가를 요청했고 이제 그것을 받을 것이다. 침대를 만들었으니 이제 그 위에 누워야 한다. 주사위는 던져졌다. 실뭉치는 우리가 미리 만든 패턴대로 움직일 것이다.

30 이러한 이유로 생각에 삶에서 나타나지 않기를 바라는 심리적, 도덕적 또는 신체적 병균이 들어오지 않도록 통찰력을 키워야 한다.

31 통찰력은 사실과 조건을 긴 안목에서, 하나의 망원경 형태로 검토할 수 있게 하는 마음의 기능이다. 우리는 통찰력을 통해 어떤 일에서도 어려움뿐만 아니라 가능성을 이해할 수 있다.

32 통찰력은 우리가 직면하게 될 장애물에 대비할 수 있게 한다. 통찰력이 있으면 장애물이 어려움을 만들어내기 전에 그것을 극복할 수 있다.

33 통찰력을 통해 우리는 보상을 얻지 못하는 쪽이 아니라 사고와 관심을 활용해 올바른 방향으로 나아갈 계획을 세울 수 있다.

34 그러므로 통찰력은 모든 위대한 업적의 성취에 절대적으로 필요하다. 통찰력을 통해 어떤 마음의 분야에도 진입해 탐구하고 정복할 수 있다.

35 통찰력은 내부 세계의 산물이며 침묵 속에서 집중력에 의해 키워진다.

36 이번 연습에서는 통찰력에 집중하자. 익숙한 자리로 가서 생각의 창조적 힘에 관한 지식을 안다고 생각의 기술을 얻는 게 아니라는 점에 집중하자. 지식이 스스로 적용되지 않는다는 사실에 관해 깊이 생각하자. 우리의 행동은 지식의 지배를 받지 않으며 관습이나 선례, 습관에 좌우된다. 우리가 지식을 적용하는 유일한 방법은 단호하게 의식적으로 노력하는 것이다. 사용하지 않는 지식은 마음에서 사라지며, 정보의 가치는 적용하는 데 있다는 사실을 명심하자. 충분한 통찰로 자신의 문제에 적용할 분명한 계획을 세울 때까지 이런 생각을 멈추지 마라.

진실하게 생각하라.

당신의 생각이 세상의 굶주림을 먹여 살릴 것이다.

진실하게 말하라. 당신의 말 한마디가

열매를 싹틔울 씨앗이 될 것이다.

진실하게 살아라.

당신의 삶이 위대하고 고귀한 신념이 될 것이다.

— 허레이쇼 보너 Horatio Bonar

부는 수단이다

1. 부는 노력의 산물이다. 자산은 원인이 아닌 결과이다. 주인
   이 아닌 종이다. 목적이 아닌 수단이다.

2. 일반적으로 가장 수용되는 부의 정의는 "쓸모 있고 기분이
   좋은, 교환 가치가 있는 모든 것을 가진 상태."이다. 부의 지
   배적인 특징은 바로 이러한 교환 가치이다.

3. 부가 행복에 차지하는 비중이 얼마 안 된다는 점을 고려할
   때, 중요한 것은 이용 가치가 아닌 교환 가치라는 점을 깨달

는다.

4 이러한 교환가치는 부를 진정한 가치가 있는 것들, 즉 우리의 이상 실현에 필요한 것들을 확보하는 매개체로 만든다.

5 그래서 부는 절대 목적이 아닌 목적을 달성하는 수단으로 구해야 한다. 성공은 단순한 부의 축적이 아닌 더 높은 이상에 달려 있다. 그래서 그러한 성공을 열망하는 사람은 기꺼이 자신이 노력할 이상을 만들어야 한다.

6 그러한 이상을 마음에 품었을 때 방법과 수단은 제공될 수있고 또 제공된다. 하지만 수단과 목적을 바꾸는 실수를 해서는 안 된다. 반드시 확실하고 분명한 목적, 즉 이상이 있어야 한다.

7 프렌티스 멀포드Prentice Mulford는 "성공을 한 사람은 위대한 영적 깨달음을 얻은 사람이며, 모든 위대한 성취는 우월하고 진정한 영적인 힘에서 나온다."라고 말했다. 안타깝게도 이러한 힘을 인지하지 못하는 사람들이 있다. 그들은 앤드류 카네기의 어머니가 카네기 가족이 미국에 갔을 때 가족을 부양해야 했다는 점, 미국의 정치가 E. H. 해리먼의 아버지가 연봉 200달러를 받는 가난한 성직자였다는 점, 홍차

회사 립턴의 창업자 토마스 립턴이 단 25센트로 시작했다는 점을 잊어버린다. 이 사람들은 모두 의지할 곳이 없었지만 좌절하지 않고 성공했다.

8 창조하는 힘은 전적으로 영적인 힘에 달려 있다. 이에 이상화와 시각화, 물질화라는 세 단계가 존재한다. 산업계의 선구자들은 모두 이 힘에 의존한다. 《에브리바디스everybody's》라는 잡지에서 스탠더드 석유회사를 이끄는 백만장자 헨리 플래글러Henry M. Flagler는 자신의 성공 비밀이 대상을 완벽하게 보는 힘이라고 인정했다. 그가 기자와 나눈 다음 대화에는 이상화와 집중, 시각화 같은 모든 영적인 힘이 담겨있다.

9 "당신은 실제로 모든 것을 시각화했나요? 정말 눈을 감고도 선로를 보았습니까? 기차들이 달리는 모습도 보셨나요? 경적이 울리는 소리도 들었습니까? 그 정도까지 가능했나요?" "네." "얼마나 명확했나요?" "아주 명확했죠."

10 여기서 우리는 법칙을 알고 '원인과 결과'를 알며, 생각이 반드시 행동보다 앞서고 행동을 결정한다는 것을 깨닫게 된다. 현명한 사람이라면 임의적인 조건은 절대 생겨나지 않는다는 것과 우리의 경험은 질서 있고 조화로운 일련의 상황들의 결과라는 엄청난 사실을 알게 될 것이다.

11 성공한 사업가는 이상주의자인 경우가 많다. 그들은 늘 더 높은 기준을 세우고 그것을 위해 노력한다. 생각의 미묘한 힘은 일상 속의 기분에서 구체화되며, 그것이 바로 우리 삶을 구성한다.

12 생각은 우리가 삶에 대한 변화하는 개념을 만들어 나아가는, 가소성 있는 재료이다. 어디에 쓰느냐가 생각의 존폐를 결정한다. 다른 모든 것과 마찬가지로 생각이 지닌 힘을 인지하고 적절하게 활용하는 능력이 있어야 성공할 수 있다.

13 우리가 받을 자격이 없거나 번 것이 아니면 무엇도 영구적으로 소유할 수 없다. 그렇기에 섣부르게 소유한 부는 굴욕과 재앙의 전조일 뿐이다.

14 우리가 외부 세계에서 만나는 조건은 우리의 내부 세계에서 발견하는 조건과 일치한다. 이것의 원인은 끌어당김의 법칙이다. 그러면 우리는 무엇을 내부 세계로 들일 것인지 어떻게 결정해야 할까?

15 감각이나 외부 의식을 통해 마음에 들어오는 것은 무엇이든 마음에 인상을 남겨 정신적인 이미지를 만들고 이것이 곧 창조적 에너지를 위한 하나의 패턴이 된다. 이러한 경험은

주로 환경과 우연, 과거의 생각, 그리고 다른 부정적인 사고로 인한 결과이다. 그렇기 때문에 이런 생각을 하기 전 신중히 분석해야 한다. 반면 우리는 외부 조건이나 모든 환경, 다른 사람의 생각과 상관없이 자기 내면에서 사고하는 과정을 통해 자신만의 정신적 이미지를 떠올릴 수 있다. 이 연습을 통해 우리는 운명과 몸, 마음과 영혼을 통제할 수 있다.

16 이 힘을 연습하면 우연의 손아귀에서 우리의 운명을 되찾고, 자신이 원하는 경험을 의식적으로 만들어 나갈 수 있다. 어떤 조건을 의식적으로 깨닫는다면 그 조건이 결국 우리 삶에 나타난다. 앞서 했던 분석에서 보면 생각이 삶에서 커다란 원인이라는 게 분명하다.

17 그러니 생각을 통제하면 상황과 조건, 환경과 운명을 통제할 수 있다.

18 그렇다면 어떻게 생각을 통제할 수 있을까? 어떤 과정이 필요할까? 생각한다는 것은 생각을 창조하는 것이지만 생각의 결과는 생각의 형태와 특성, 그리고 생명력에 달려 있다.

19 형태는 정신적 이미지에 따라 달라진다. 또한 생각이 남긴 인상의 깊이와 아이디어의 탁월함, 또 이미지의 대담성에

따라 좌우된다.

20 특성은 원료에 따라 달라지며 또한 마음의 구성 원료에 따라서도 달라진다. 만약 이 원료가 활력과 힘, 용기와 결단력이라는 생각으로 만들어졌다면 그 생각은 이러한 특성을 지닐 것이다.

21 마지막으로, 생명력은 생각이 스며들 때의 감정에 달려있다. 만약 건설적인 생각을 한다면 그 생각은 생명력을 가진다. 그 생각은 생명력을 품고 성장하고 발전하며 확장되고 창조적일 것이다. 완전한 발전에 필요한 모든 것을 스스로 끌어당길 것이다.

22 하지만 파괴적인 생각을 한다면 그 안에 파괴의 균이 자랄 것이다. 그 균은 소멸하겠지만 그 과정에서 질병과 아픔, 그리고 모든 부조화를 가져올 것이다.

23 이것을 우리는 악이라 부른다. 일부 사람들은 자신이 이 악을 초래해 놓고 신의 탓으로 돌리는 경향을 보이지만, 신이라는 존재는 단지 평정한 상태에 있는 우주의 마음일 뿐이다.

24 그것은 좋지도 나쁘지도 않다. 단지 존재할 뿐이다.

25 이를 개별화하는 우리의 능력이 바로 선과 악을 외부 세계로 구체화하는 힘이다.

26 그러므로 선과 악은 실체가 아니라 단지 우리가 행동의 결과를 나타내기 위해 사용하는 단어일 뿐이다. 이러한 행동은 생각의 성격에 의해 미리 결정된다.

27 우리의 생각이 건설적이고 조화롭다면 선이 나타나고, 만약 파괴적이고 조화롭지 않다면 악이 나타날 것이다.

28 만일 앞으로 다른 환경을 시각화하고 싶다면, 단지 마음에 이상을 떠올리고 그 영상이 현실이 될 때까지 내면에 잘 새겨두면 된다. 사람이나 장소, 또는 사물에 관해서는 집중하지 마라. 이것들은 절대적이지 않다. 우리가 원하는 환경에는 필요한 모든 것이 갖춰질 것이다. 그리고 그에 맞는 사람과 맞는 것들이 필요한 시기와 장소에 찾아올 것이다.

29 시각화의 힘을 통해 성격이나 능력, 재능, 성과, 환경과 운명을 어떻게 조절할 수 있는지 명확하지 않을 때도 있지만, 이는 정확한 과학적 사실이다.

30 우리는 생각이 마음의 특성을 결정한다는 것, 또 그 특성이

우리의 능력과 정신적 힘을 결정한다는 것을 쉽게 이해할 수 있다. 또한 능력이 향상될수록 자연스럽게 더 많은 것을 이루고 환경을 더 잘 제어할 수 있다는 점도 쉽게 이해할 것이다.

31 따라서 자연의 법칙이 완벽하고 조화로운 방식으로 작용한다는 것을 깨닫게 된다. 모든 것이 '그냥 일어나는' 것처럼 보인다. 이 사실에 관한 증거를 원한다면 높은 이상 덕분에 어떤 행동이 유발되었을 때나 이기적이거나 다른 속셈으로 행동했을 때를, 혹은 삶에서 단지 우리가 노력했던 결과를 비교해 보면 된다. 더 이상의 증거는 필요 없다.

32 어떤 욕구를 실현하고 싶다면 그것을 의식적으로 시각화함으로써 마음속에 성공한 그림을 그려라. 이런 방식으로 하면 반드시 성공한다. 또 과학적인 방법으로 그 바람들이 우리의 인생에 직접 나타나게 할 수 있다.

33 우리는 외부 세계에 이미 존재하는 것만 볼 수 있지만, 우리가 시각화한 것은 영적인 세계에 이미 존재하며 우리가 이상에 충실하다면 언젠가는 외부 세계에 나타날 것들에 대한 분명한 징표이다. 이렇게 되는 이유는 단순하다. 시각화는 상상의 한 형태이다. 이 사고의 과정은 마음에 인상을 남

기고, 이 인상들은 차례로 개념과 이상을 형성하며, 그것들은 또다시 우주의 마음이 미래를 만드는 지도가 된다.

34 심리학자들은 오직 하나의 감각, 즉 느낌이라는 감각만 있으며 다른 모든 감각은 이 감각이 변형에 불과하다는 결론을 내렸다. 이것이 사실이라면 왜 느낌이 힘의 원천인지, 왜 감정이 지성을 쉽게 이기는지, 그리고 결과를 원한다면 왜 감정을 우리의 생각에 실어야 하는지 알게 된다. 생각과 느낌이 합쳐졌을 때 실패란 없다.

35 물론 시각화는 의지에 의해 지시되어야 한다. 우리는 원하는 것을 정확하게 시각화해야 한다. 상상이 폭주하지 않도록 조심하자. 상상은 좋은 하인이지만 동시에 바보 같은 주인이기도 하기 때문에, 통제하지 않으면 아무런 근거나 사실에 기반하지 않고 온갖 추측이나 결론을 쉽게 내려버릴지 모른다. 그럴듯한 의견은 어떠한 분석이나 검토 없이 받아들여지기 쉽고 그에 따른 결과는 정신적인 혼란만을 야기한다.

36 그러므로 우리는 과학적으로 사실이라 알려진 정신적 이미지만 만들어내야 한다. 모든 생각을 조사하고 분석해 과학적으로 정확하지 않은 것은 무엇이든 받아들이지 말자. 이

렇게 하면 우리는 할 수 있다는 것을 아는 일만 시도할 것이며 노력을 통해 성공할 것이다. 이것이 기업가들이 말하는 '장기적인 안목'이다. 이는 통찰력과 아주 비슷하며, 중요한 모든 일을 성공하게 만드는 위대한 비밀 중 하나이다.

37 이번에는 조화와 행복이 의식의 상태이며 물질의 소유에 의존하지 않는다는 중요 사실을 깨닫도록 노력해야 한다. 물질은 결과이며 올바른 정신 상태에서 나타난다. 만약 어떤 물질적인 소유를 바란다면 그 결과를 가져올 정신적인 태도를 갖추는 일에 주된 관심사를 두어야 한다. 이런 정신적인 태도는 우리의 영적인 본질을 깨닫고 우주의 마음과 우리가 하나임을 알 때 얻을 수 있다. 우주의 마음은 모든 것을 만들어내는 원료이다. 이 깨달음은 우리가 완전한 즐거움을 누릴 때 필요한 모든 것을 알려준다. 이는 과학적이고 바른 생각이다. 이런 마음가짐을 갖추게 되면 우리가 바라는 것이 이미 이루어진 사실이라고 생각하기가 훨씬 수월하다. 이렇게 할 수 있을 때, 어떤 결핍이나 한계로부터 우리를 '자유롭게' 만드는 '진리'를 발견할 것이다.

사람은 별을 궤도에 앉히기 위해
틀을 짜거나 제멋대로 풀어줄 수도 있지만,
그보다 신 앞에서 한 가장 인상적인 일은 바로,
값진 생각을 몇 세대에 걸쳐 전달한 것이다.

— H. W. 비처 H. W. Beecher

집중은 생각을
실제적인 가치로 바꾸는 것이다

1   우리는 인간이 '모든 것에 대한 지배권'을 가지고 있다는 말
을 듣는다. 이 지배권은 마음을 통해 확립된다. 생각은 모든
원칙을 통제하는 활동이다. 최고의 원칙은 탁월한 본질과
자질을 지니고 있기에, 반드시 그에 접하는 모든 것의 환경
과 양상, 관계를 결정한다.

2   정신력의 진동은 가장 섬세하며 결과적으로 가장 강력하다.
정신력의 본질과 초월성을 인지하는 사람들에게 모든 물리
적 힘은 무의미하다.

3 우리는 오감의 렌즈로 우주를 보는 것에 익숙하다. 이러한 경험에서 의인화한 개념이 만들어지지만, 진정한 개념은 영적인 통찰력에 의해서만 확보된다. 이 통찰력은 마음의 진동을 빠르게 해야 하며, 마음이 주어진 한 방향에만 지속적으로 집중할 때 확보된다.

4 지속적인 집중은 끊기지 않는 생각의 흐름을 뜻한다. 꾸준하고 지속적이며 잘 정돈된 체계의 결과이다.

5 위대한 발견은 오랫동안 계속된 조사의 결과이다. 뛰어난 수학자는 수년간의 집중된 노력을 통해 탄생하며 가장 위대한 과학, 즉 마음의 과학은 집중된 노력을 통해서만 드러난다.

6 집중력에 관한 많은 오해가 있다. 집중이 필요하다면 그것과 연관된 노력이나 활동에 관한 생각을 한다. 하지만 실은 그 반대이다. 연기자의 위대함은 그가 극 중 캐릭터를 표현하다가 자신을 잊어버리고 그 인물에 완전히 몰입해 관객이 현실감에 마음을 움직일 때 드러난다. 이 말이 진정한 집중력을 이해하기 쉽게 해줄 것이다. 우리는 우리 생각에 깊이 관심을 가지고 주제에 아주 몰두하여 다른 것은 의식하지 못할 정도여야 한다. 그러한 집중은 직관적인 인식과 직

접적인 통찰력으로 이어져 집중하는 대상의 본질을 깨닫게 한다.

7 모든 지식은 이런 방식의 집중에서 나온 결과이다. 그렇게 하늘과 땅의 비밀들이 밝혀졌다. 마음이 자석이 되고, 알고 자 하는 욕망이 지식을 끌어당겨 그 지식이 우리 것이 된다.

8 욕망은 대체로 잠재의식 속에 있다. 의식적인 욕망은 그 대 상을 즉시 얻지 못하면 거의 목적이 실현되지 못한다. 잠재 의식적인 욕망은 마음의 잠재된 능력을 일깨운다. 그래서 어려운 문제도 저절로 해결되는 것처럼 보인다.

9 잠재의식은 어떤 방향으로든 자극되고 행동에 옮겨질 수 있다. 또, 집중한다면 원하는 것을 무슨 목적이든 활용할 수 있다. 집중력을 연습하려면 몸과 정신, 마음을 통제해야 한 다. 신체적, 정신적인 모든 의식을 통제해야 한다.

10 그러므로 우리가 통제할 요소는 영적 진리이다. 이 영적 진 리는 우리가 일정 이상의 성취를 해내고 사고방식을 성격 과 의식 상태로 바꿀 지점까지 도달하게 해준다.

11 집중은 단지 생각하는 게 아니라, 생각을 실제적인 가치로

바꾸는 것을 뜻한다. 보통 사람은 집중의 개념을 이해하지 못한다. 항상 '갖고 싶다'라고 외치지만 그런 사람이 '되려고'는 절대 하지 않는다. 그런 존재가 되어야 가질 수 있다는 것과, 먼저 '그의 왕국'을 찾아야 '더해진다'는 것을 이해하지 못한다. 순간적인 열정은 가치가 없다. 오직 무한한 자신감이 있어야만 목표에 도달할 수 있다.

12 마음의 이상이 너무 높아 목표에 이르지 못하는 경우도 있다. 훈련되지 않은 날개로 하늘을 날려고 하다가 날아오르는 대신 땅으로 떨어질 수도 있다. 하지만 이것이 다시 시도하지 않을 이유가 되지는 않는다.

13 연약함은 정신적인 성장을 가로막는 유일한 장애물이다. 우리의 연약함을 신체적 한계나 마음의 불확실성 때문이라고 생각하고 다시 시도하자. 반복하면 편안해지고 완벽해질 것이다.

14 천문학자는 마음을 별들에 집중했고 그 덕분에 우리는 별의 비밀을 알 수 있었다. 지질학자가 마음을 지구 구조에 집중했기 때문에 지질학이 생겨났다. 다른 모든 일들도 마찬가지이다. 사람들은 마음을 삶의 문제에 집중했고 그 결과, 지금의 방대하고 복잡한 사회 질서가 등장했다.

15 모든 정신적 발견과 성취는 바람과 집중에서 비롯되었다. 바람은 가장 강력한 행동 양식이다. 이런 바람이 지속될수록 더 믿을 만한 결과가 나타난다. 집중이 더해진 바람은 자연으로부터 어떠한 비밀이든 얻어낼 수 있다.

16 위대한 생각을 깨닫고 그와 일치하는 위대한 감정을 경험하면, 마음은 더 높은 것의 가치를 이해하는 상태에 도달한다.

17 한순간이라도 열심히 집중하고 무언가 이루고 싶다고 강렬하게 원하면 수년간 느리고 평범하며 외부로부터 강요된 노력을 했을 때보다 더 많은 것을 얻을 수 있다. 불신과 나약함, 무능함과 자기 비하라는 감옥의 철창을 부수고, 극복이 주는 기쁨을 누릴 수 있게 될 것이다.

18 독창성과 창조성의 정신은 지속해서 노력할 때 발전한다. 사업에서는 집중의 가치를 가르치고 결단력을 장려한다. 이렇게 하면 실용적인 통찰력을 얻으며 결론도 빠르게 내릴 수 있다. 심리적 요인은 모든 거래에서 지배 요소이며, 욕망 또한 지배적 힘이다. 모든 상업 거래는 욕망이 외면화된 것이다.

19 건전하고 실질적인 많은 덕목이 상업적인 일에서 발전한다.

이때 마음은 안정되고 방향이 생기며 효율성을 얻는다. 가장 필요한 것은 마음을 강하게 단련하는 것이다. 본능적인 삶의 변덕스러운 충동들과 주의력을 흐트러뜨리는 것들을 뛰어넘고 고차원적인 자아와 저차원적인 자아 사이의 갈등을 성공적으로 극복해야 한다.

20 우리는 모두 발전기이다. 하지만 발전기 자체만으로는 아무 소용이 없다. 마음이 발전기를 작동시켜야 한다. 그렇게 해야 발전기가 유용한 존재가 되며 에너지를 확실히 집중할 수 있다. 마음은 상상하지 못할 정도의 힘을 지닌 엔진이다. 생각은 전지전능한 힘이다. 생각은 모든 외부 형태와 외부에서 일어나는 사건의 지배자인 동시에 창조자이다. 물리적인 에너지는 전지전능한 생각과 비교할 수 없다. 생각은 우리가 다른 모든 자연적인 힘을 쓸 수 있게 하기 때문이다.

21 진동은 생각의 작용이다. 구성하고 구축하는 데 필요한 재료를 끌어당긴다. 생각의 힘과 관련해 신비롭게 생각할 것은 아무것도 없다. 집중은 단순히 의식이 집중하는 대상과 하나가 될 때까지 모아질 수 있다는 것을 의미한다. 몸에 흡수된 음식이 몸의 본질을 이루는 것처럼, 마음이 집중 대상을 흡수하고 거기에 생명력을 부여한다.

22   중요한 일에 집중하면 직관적인 힘이 작동하고, 성공에 도움이 되는 정보를 제공하며 도움을 준다.

23   직관은 경험이나 기억의 도움 없이도 결론에 도달한다. 또 종종 추론하는 힘의 범위 밖에 있는 문제들을 해결하기도 한다. 직관은 놀랄 만큼 갑자기 찾아오기도 한다. 우리가 찾고 있는 진실을 아주 직접적으로 드러내, 마치 우리보다 높은 존재로부터 온 것처럼 보이기도 한다. 이러한 직관은 발전될 수 있다. 그러기 위해서는 직관을 인식하고 잘 알아야 한다. 만약 직관이라는 손님이 왔을 때 그를 왕처럼 환영한다면 그는 다시 찾아올 것이다. 친절하게 맞이할수록 더 자주 오겠지만, 만일 무시당하거나 환대받지 못한다면 더 이상 찾아오는 일은 없고 오히려 더 멀어질 것이다.

24   직관은 보통 고요함 속에서 나타난다. 위대한 사람들은 자주 고독을 찾는다. 여기서 삶의 큰 문제들이 해결된다. 그래서 기업가들은 감당할 수 있다면 모두 개인 사무실을 가진다. 그곳에서는 방해받지 않기 때문이다. 개인 사무실을 구할 여건이 안 된다면 적어도 매일 몇 분씩이라도 혼자 있을 수 있는 장소를 찾아 성공에 필요한 무적의 힘을 키우기 위해 생각을 단련할 수 있다.

25 근본적으로 잠재의식은 전지전능하다는 점을 기억하자. 잠
    재의식에 행동할 힘이 주어진다면 하지 못할 일이 없다. 우
    리가 얼마만큼 성공하느냐는 우리가 품은 욕망의 본질에
    따라 결정된다. 욕망이 자연의 법칙이나 우주의 마음과 조
    화를 이룬다면, 우리 마음이 점차 자유로워지고 아무도 대
    적할 수 없는 용기가 생겨날 것이다.

26 정복된 모든 장애물과 쟁취한 모든 승리는 우리에게 우리의
    힘에 관한 더 많은 믿음을 안겨줄 것이다. 그리고 우리는 더
    큰 능력을 얻게 된다. 힘은 마음가짐에 의해 결정된다. 성공
    할 수 있는 마음가짐을 지니고, 흔들리지 않고 그 마음가짐
    을 계속 유지한다면 자신이 묵묵히 요구하고 있는 것을 보
    이지 않는 영역으로부터 자신에게 끌어당길 수 있을 것이다.

27 생각을 계속 염두에 두고 있으면 점점 그 생각이 실체적인
    형태를 취할 것이다. 확실한 목적은 원인을 움직이다. 그리
    고 그 원인은 보이지 않는 세계에서 자기 목적을 이루는 데
    필요한 재료를 찾아낸다.

28 우리는 힘 그 자체보다 힘의 상징을 추구할 수도 있다. 명예
    대신 인기를, 부유함보다 재산을, 또 봉사 대신 지위를 좇을
    수도 있다. 이런 것들은 모두 우리가 손에 넣자마자 잿더미

로 변해버린다.

29 설부른 부나 지위는 우리가 노력해 얻어낸 게 아니기 때문에 유지되지 않는다. 우리는 우리가 주는 대로 받는다. 주지 않고 얻으려는 사람들은 그렇게 할 때마다 늘 보상의 법칙이 가차 없이 정확한 균형을 유지한다는 것을 알게 된다.

30 우리 삶 속의 경주는 돈과 다른 힘의 상징을 향해 펼쳐지지만, 진정한 힘의 원천을 이해한다면 이런 상징들을 무시할 수 있다. 은행 계좌 속에 돈을 넉넉히 보유한 사람은 주머니를 금으로 가득 채울 필요가 없다고 생각한다. 힘의 참된 원천을 찾은 사람도 더 이상 위선과 겉치레에 관심이 없다.

31 보통 생각은 진화의 방향에 따라 외부로 향하지만, 내부로 방향을 바꾸어 사물의 기본 원칙과 핵심, 혼을 이해하게 할 수도 있다. 사물의 핵심에 도달하면 그것을 이해하고 지시하는 것은 비교적 쉬워진다.

32 이는 사물의 혼이 사물 그 자체이자 생명이며 실체이기 때문이다. 형태는 단순히 내부의 영적인 활동이 외적으로 표현된 것에 지나지 않는다.

33 이번에는 여기서 설명한 방법에 최대한 집중해 보자. 우리 목적과 관련한 의식적인 노력이나 행동을 하지 않도록 해야 한다. 완전히 긴장을 풀고 결과에 관한 어떤 불안한 생각도 하지 말자. 힘이 평온함에서 나온다는 점을 기억하자. 다른 아무것도 의식하지 않고 생각하는 대상과 하나가 되도록 하자.

34 두려움을 없애고 싶다면 용기에 집중하자.

35 부족함을 없애고 싶다면 풍요로움에 집중하자.

36 질병을 없애고 싶다면 건강에 집중하자.

37 이미 존재하는 사실처럼 이상에 집중하자. 이상은 하느님이며 생식 세포이자 생명의 원리이다. 우리에게 필요한 것을 안내하고 지시하며 불러와, 마침내 형태로 나타나는 원인들을 설정한다.

생각은 오직 그것을 할 수 있는
사람들만의 재산이다.

— 에머슨Emerson

열여덟 번째 마스터키

우주의 지능이 개인화된 것이
바로 나 자신이다

1   시대 속 사상의 흐름이 변하고 있다. 이 변화는 우리의 중심
    에서 조용히 일어나고 있으며, 이교 숭배가 몰락한 이래 이
    세상이 겪어온 어느 일보다 중요한 사안이다.

2   모든 계급의 사람, 세련되고 교양 있는 사람뿐 아니라 노동
    자 계급의 사람들에게도 일어난 이 생각의 혁명은 인류 역
    사상 유례가 없는 일이다.

3   최근 과학이 많은 발견을 이뤄내고 무한한 자원을 발굴하

고, 또 엄청난 가능성과 생각지도 않았던 힘을 찾아냈다. 따라서 우리는 점점 더 특정 이론을 의심할 여지가 없다고 확신하거나, 또 다른 이론에 대해서는 터무니없거나 불가능하다고 생각한다.

4   새로운 문명이 탄생하고 있다. 관습과 신앙과 선례가 사라지고 있으며, 비전과 믿음과 봉사가 자리를 차지해 가고 있다. 인습의 족쇄는 녹아 없어지고 물질주의의 불순물이 사라지며, 생각이 자유로워지고 진실이 놀란 대중 앞에 마치 둥근 해처럼 떠오르고 있다.

5   전 세계는 내면의 새로운 의식과 새로운 힘, 또 새로운 깨달음의 전야를 맞이했다.

6   물리학은 물질을 분자로, 분자를 원자로, 원자를 에너지로 분해했다. J. A. 플레밍은 영국의 왕립 과학 연구소 앞에서 한 연설에서 에너지를 마음으로 풀어냈다. 그는 다음과 같이 말했다. "본질적으로 우리는 에너지를 이해할 수 없지만 예외적으로 마음이나 의지라고 부르는 것이 직접 작동해 모습을 보일 때는 가능합니다."

7   그리고 이 마음은 내면에 있으며 궁극적인 것이다. 마음은

물질과 영혼에 존재한다. 마음은 우주를 유지하고 우주에 에너지를 주며 전 우주에 퍼져 있는 영혼이다.

8   모든 생명체는 이 전지전능한 지적인 힘에 의해 유지된다. 또 이 힘의 정도에 따라 각자의 삶이 달라진다. 동물을 식물보다, 인간을 동물보다 고차원적인 존재로 만드는 것이 상대보다 더 뛰어난 지능이다. 그리고 이 뛰어난 지능의 발달 수준은 자신의 행동 방식을 통제하고 의식적으로 환경과 조화를 이루는 개인의 힘에서 다시 드러난다.

9   위대한 사람들의 관심을 차지하는 것이 바로 이 적응이다. 이 적응은 우주의 마음에 존재하는 질서의 인식과도 같다. 모두 알다시피, 우리가 우주의 마음에 순응하는 만큼 정확히 우주의 마음도 그만큼 우리에게 순응한다.

10   자연의 법칙을 인식하면 시간과 공간을 뛰어넘어 공중으로 날아오를 수 있으며 강철을 물 위에 띄울 수도 있다. 지적인 힘의 수준이 높으면 높을수록, 이러한 자연의 법칙을 더 많이 인식하게 되고 그에 따라 우리가 지닐 힘 역시 더 커질 것이다.

11   이러한 우주의 지능이 개별화된 것이 바로 자신이라는 점

을 인식하면 인간은 아직 그 정도의 인식 수준에 도달하지 못한 다른 존재들을 통제할 수 있다. 도달하지 못한 지능을 지닌 생명체들은 이 우주의 지능이 행동할 준비가 되어 있는 모든 것에 스며들어 있다는 것을 알아차리지 못한다. 그들은 우주의 지능이 모든 요구에 반응한다는 것도 알지 못하며 자기 존재의 법칙에 속박되어 있다.

12 생각은 창조적인 힘을 갖고 있다. 그리고 그 법칙의 근거가 되는 원리는 온전하고 합당하며 사물의 본질에 내재되어 있다. 하지만 이 창조적인 힘은 개인에서 비롯된 것이 아니라 모든 에너지와 원료의 원천이자 샘인 우주의 마음에서 비롯된다. 개인은 단순히 이 에너지를 운반하는 통로일 뿐이다.

13 개인은 우주가 다양한 조합을 만들어 외부 현상으로 나타내기 위한 수단에 지나지 않는다. 이는 진동 법칙에 따라 이루어지며, 이를 통해 근본적인 원료는 다양한 속도로 움직이며 이에 맞는 새로운 물질을 형성한다.

14 생각은 개인이 우주와 소통하고, 유한이 무한과 소통하며, 보이는 것이 보이지 않는 것과 소통하는 보이지 않는 연결 고리이다. 생각은 인간을 생각하고 알고 느끼고 행동하는

존재로 바꾸는 마법이다.

15 적절한 장치가 수백만 킬로미터나 떨어진 세상을 발견할 수 있게 해주었다. 이처럼 인간은 올바른 이해력으로 모든 힘의 근원인 우주의 마음과 소통할 수 있게 되었다.

16 쉽게 얻는 깨달음은 전선 없는 전화기처럼 가치가 없다. 사실 그것은 보통 아무 의미 없는 '믿음'에 지나지 않는다. 원시인들도 무언가를 믿기는 한다. 하지만 그 믿음은 아무것도 증명하지 못한다.

17 누구에게나 가치가 있는 유일한 믿음은 시험대에 올라 사실로 증명된 믿음이다. 그러면 그 믿음은 더 이상 그냥 믿음이 아니라 살아 있는 믿음, 즉 진리가 된다.

18 이 진리는 수십만 명의 사람들에 의해 시험대에 올랐다. 그리고 그들이 사용한 도구가 얼마나 유용한가에 비례해 진리가 입증되는 정도가 결정되었다.

19 인간은 뛰어난 성능의 망원경 없이는 수백만 킬로미터나 떨어진 별들의 위치를 파악할 수 없다. 이러한 이유로 과학자들은 더 크고 강력한 망원경을 만드는데 지속적으로 노력하

고 있으며, 그로 인해 천체에 관한 추가 지식을 얻고 있다.

20 깨달음도 이와 같다. 인간은 우주의 마음, 그리고 그 무한한 가능성과 소통하기 위한 방법을 지속적으로 발달시켜 가고 있다.

21 우주의 마음은 모든 원자 사이에 존재하는 끌어당김의 법칙을 적용해 외부 세계에 자신을 드러낸다.

22 이렇게 끌어당기고 결합하는 원리에 의해 사물이 생성된다. 이 원리는 보편적으로 적용되며 존재의 목적이 이루어지는 유일한 수단이다.

23 성장은 보편적으로 적용되는 이 원리를 수단으로 삼아 가장 아름다운 방식으로 표현된다.

24 성장하기 위해서는 성장에 필수적인 것을 얻어야 한다. 하지만 우리는 항상 완전한 사고의 실체다. 따라서 우리가 주는 대로만 받을 수 있다. 따라서 성장은 상호 작용을 조건으로 한다. 우리는 마음의 차원에서 마음이 자신과 조화를 이루는 진동에만 반응한다는 걸 알 수 있다.

25 그러므로 풍요에 관한 생각도 오직 비슷한 생각에만 반응할 것이 분명하다. 개인의 부는 본래 그 사람이 가지고 있는 것, 즉 그 사람이 어떤 사람인지를 나타낸다. 그의 내부에 있는 풍요가 외부의 풍요를 끌어당기는 비결임이 밝혀졌다. 생산 능력이 개인이 가진 부의 진정한 원천임이 밝혀진 것이다. 자기 일에 마음을 쓰는 사람이 무한한 성공을 이루는 건 바로 그런 이유에서이다. 그는 끝없이 베풀고 또 줄 것이며, 그렇게 줄수록 더 많이 받을 것이다.

26 월스트리트의 위대한 금융가들과 산업계의 리더, 정치가, 대기업 변호사, 발명가, 의사, 저자와 같은 사람들은 우리 모두의 행복을 위해 생각의 힘 말고 무엇을 기여했겠는가?

27 생각은 끌어당김의 법칙을 작동시키는 에너지이며, 이는 결국 풍요로움으로 드러난다.

28 우주의 마음은 정적인 마음, 즉 평형 상태에 있는 재료이다. 그것은 우리의 생각하는 힘에 의해 개별적으로 형태화된다. 생각은 동적인 마음에 해당한다.

29 힘은 그것의 의식에 달려있다. 우리가 사용하지 않으면 힘은 사라지며, 의식하지 않으면 사용할 수 없다.

30 이러한 힘의 사용은 주의력에 달려 있다. 주의력의 정도는 힘의 또 다른 이름인 지식을 습득하는 우리의 능력을 결정한다.

31 주의력은 천재성의 특징으로 여겨져 왔다. 하지만 주의력은 훈련을 통해 키울 수 있다.

32 주의력의 동기는 관심이다. 관심이 클수록 주의력이 높아지고, 주의력이 높을수록 관심이 커진다. 주의를 기울이는 것부터 시작하자. 그러면 곧 관심을 불러일으킬 것이다. 이 관심은 다시 더 큰 주의를 불러일으키며 이 과정이 되풀이된다. 이 연습을 통해 주의력을 키울 수 있다.

33 이번에는 우리가 지닌 '창조력'에 집중하고 통찰력과 인지력을 추구해보자. 우리 안에 있는 믿음의 논리적 근거를 찾도록 노력해보자. 우리 몸이 살기 위해서는 공기 속에 살며 움직여야 한다는 사실, 또 숨을 쉬어야 한다는 사실을 떠올려보자. 이와 같이 우리의 영적 존재도 비슷하지만 더 미묘한 에너지에 의존해서 살아가고 움직이고 있다. 또한 물질세계에서는 씨앗을 뿌리기 전까지는 어떤 생명도 태어나지 않으며, 어떤 열매도 씨앗에서 나올 수 있는 열매보다 더 나은 열매를 맺을 수 없다. 마찬가지로 영적인 세계에서도 씨

앗을 뿌리기 전까지는 어떠한 결과도 나오지 않으며, 열매
는 씨앗의 본질에 따라 달라진다. 따라서 우리가 얻을 결과
는 강력한 인과 세계의 법칙을 얼마나 인식하느냐에 달려
있다. 이 인식은 가장 진화한 의식 수준에서 얻어진다.

생각은 빠르게 자신을 힘으로 바꾸며
거대한 수단이 될 도구를 만들어낸다.

— 에머슨 Emerson

마음은 진실하며 영원하다

1 진리에 관한 탐구는 더 이상 우연한 모험이 아니며 체계적
이고 논리적인 과정으로 이루어진다. 모든 경험에는 그 결
정을 하는 데 도움이 되는 목소리가 존재한다.

2 진리를 추구하는 우리는 동시에 궁극적인 원인을 찾고 있
는 셈이다. 모든 사람의 경험은 결과이다. 만약 원인을 확인
할 수 있고 그것을 의식적으로 통제할 수 있다면 그 결과,
즉 경험도 우리의 통제 범위 내에 있을 것이다.

3 그러면 우리의 경험은 더 이상 운명의 장난감이 되지 않을 것이다. 인간은 운명의 자식이 아니게 되니, 선장이 배를 조종하고 기관사가 기차를 운전하듯 운명과 숙명, 그리고 행운을 쉽게 통제할 수 있을 것이다.

4 모든 물질은 마침내 동일한 원자로 분해될 수 있게 되었다. 따라서 서로 변형될 수도 있다. 물질은 절대 서로 대립하지 않고 늘 연관성을 지닌다.

5 물질세계에는 셀 수 없이 많은 대조되는 것들이 존재하며, 편의상 이것들은 다른 이름으로 불린다. 모든 것에는 크기, 색깔, 명암과 쓰임새가 있다. 북극과 남극이 있고 내부와 외부가 있으며, 보이는 것과 보이지 않는 것이 있다. 하지만 이러한 표현들은 단지 두 양극의 대비를 나타낼 뿐이다.

6 그것들은 하나의 서로 다른 측면에 주어진 이름이다. 두 극단은 상대적이다. 둘은 별개의 것이 아니라 전체의 두 부분, 또는 부분이다.

7 마음의 세계에서도 같은 법칙이 발견된다. 우리는 지식과 무지에 관해 말하지만 무지는 지식의 부족 상태일 뿐이므로, 따라서 지식의 부재를 표현하는 단어에 지나지 않는다.

그 자체는 아무런 근원이 없다.

8   도덕의 세계에서도 또다시 동일한 법칙이 발견된다. 우리는
     선과 악에 관해 말하지만 선은 실체이고 하나의 유형인 것
     인 반면, 악은 단순히 선이 없는 상태일 뿐이다. 악은 때때
     로 실체처럼 여겨지기도 하지만 사실 악에는 근원도 생명
     력도 없다. 왜냐하면 악은 항상 선에 의해 파괴될 수 있기
     때문이다. 진실이 거짓을 없애고 빛이 어둠을 파괴하듯, 악
     은 선이 나타나면 사라진다. 그러므로 도덕의 세계 역시 하
     나의 근원만 존재한다.

9   영적인 세계에서도 정확히 같은 법칙을 찾아볼 수 있다. 우
     리는 마음과 물질을 두 개의 별개의 실체로 이야기하지만,
     더 명확히 살펴본다면 근원은 오직 하나뿐이며 그것이 마
     음이라는 것을 알 수 있다.

10   마음은 진실하며 영원하다. 물질은 늘 변하고 있다. 우리는
     오랜 시간 속에서 백 년이 하루와 같다는 것을 알고 있다.
     어떤 대도시에 서서 크고 웅장한 수많은 건물과 현대식 자
     동차들, 전화, 전깃불과 같은 현대 문명의 이기를 바라보면
     그것들 중 무엇도 백 년 전에는 존재하지 않았다는 걸 알
     수 있다. 만약 우리가 지금으로부터 백 년 뒤. 정확히 같은

장소에 서게 된다면 아마 그것들 중 단 몇 개만 남아있으리라는 점도 짐작할 수 있다.

11 동물 세계에서도 같은 변화의 법칙이 발견된다. 몇 년 동안 수백만에 달하는 수많은 동물이 태어났다가 사라진다. 식물 세계에서는 이러한 변화가 더 빠르다. 많은 식물, 거의 모든 풀은 한 해에 탄생과 죽음 사이를 오고 간다. 우리는 무생물 계로 시선을 돌리면 더 근본적인 무언가를 찾으리라 기대한다. 하지만 견고한 대륙을 바라보자면 그것이 바다에서 생겨났다는 사실을 알게 된다. 눈앞에 보이는 거대한 산도 한 때는 호수였다는 걸 안다. 요세미티 계곡의 거대한 절벽 앞에서 경외심을 느끼고 있을 때도 그 모든 것을 움직인 빙하의 자취를 쉽게 찾을 수 있다.

12 우리는 지속적인 변화 속에 있고 이 변화는 만물이 끊임없이 새롭게 창조되는 거대한 과정인, 우주의 마음이 진화하는 현상일 뿐이라는 것을 알고 있다. 물질은 단지 마음이 취하는 형태일 뿐이며, 따라서 단순한 하나의 조건임을 알고 있다. 물질에는 근원이 없다. 오직 마음만이 유일한 근원이다.

13 그래서 우리는 마음이 육체적, 정신적, 도덕적, 영혼의 세계에서 유일한 근원이라는 것을 알게 된다.

14 우리는 또한 이 마음이 정적인 상태임을 알고 있다. 그리고 각자의 생각하는 능력이 우주의 마음에 작용해 그것을 역동적인 마음, 즉 동적인 마음으로 바꾸는 능력이라는 것도 알고 있다.

15 이를 위해서는 음식의 형태로 연료가 주입되어야 한다. 인간은 먹지 않고는 생각할 수 없기 때문이다. 그래서 우리는 생각과 같은 영적인 활동조차 물질적인 수단을 이용하지 않으면 즐거움과 이익의 원천으로 바꿀 수 없다는 것을 깨닫게 된다.

16 전기를 모으고 그것을 동적인 힘으로 바꾸려면 특정한 에너지가 필요하다. 또 식물의 생명을 유지하기 위해서는 태양 빛이 필요하다. 이와 마찬가지로 우리는 음식의 형태로 에너지가 공급되어야 생각할 수 있고, 그렇게 우주의 마음에 작용할 수 있다.

17 생각이 꾸준히, 그리고 영원히 형태를 취하고 있고 또 드러나 표현되기를 추구하고 있다는 것을 우리가 알 수도 있고 모를 수도 있다. 하지만 강력하고 건설적이며 긍정적으로 바라보면 그것이 우리의 건강과 사업, 그리고 환경에 분명히 드러나리라는 사실은 명확하다. 만약 우리 생각이 대체

로 나약하고 비판적이며 파괴적이고 부정적이라면 그것은 우리 몸속에서 두려움과 걱정과 긴장감으로, 재정에서는 부족함과 한계로, 그리고 환경에서는 조화롭지 않은 상황으로 나타날 것이다.

18 모든 부는 힘의 결과이며 소유는 오직 힘을 줄 때만 가치가 있다. 사건은 힘에 영향을 미칠 때만 의미가 있다. 모든 것은 특정한 형태와 일정한 힘을 나타낸다.

19 증기와 전기, 화학적 친화력, 그리고 중력을 지배하는 법칙에서 알 수 있듯 원인과 결과에 관해 이해하면 용기 있게 계획하고 두려움 없이 실행할 수 있다. 이 법칙을 자연의 법칙이라고 부른다. 그것들이 물질세계를 지배하기 때문이다. 그러나 모든 힘이 물질적인 힘은 아니다. 정신적인 힘도 있고 도덕적인 힘이나 영적인 힘도 있다.

20 학교는 어떤 곳일까? 정신적인 힘이 발전하는 곳, 즉 마음의 힘을 키워가는 곳이 아닐까?

21 원재료를 모아 생활에 필요한 물건을 만들고, 거대한 기계를 작동시키기 위한 전력을 만들기 위한 거대한 발전소들이 많은 것처럼 마음의 발전소 역시 원재료를 모아 자연의 경

이로운 모든 힘보다 훨씬 뛰어난 힘을 키우고 발전시킨다.

22 전 세계에 있는 수천 개의 마음 발전소에서 수집되고 다른 모든 힘을 통제하는 힘으로 개발되는 이 원재료는 무엇일까? 그것은 바로 정적인 형태에서는 마음이고 동적인 형태에서는 생각이다.

23 이 힘은 더 뛰어나다. 더 높은 차원에 존재하기 때문에, 또 그 힘 덕분에 우리가 자연의 놀라운 힘을 이용해 수많은 사람이 할 일을 대신하게 만드는 법칙을 발견했기 때문이다. 이 힘 덕분에 우리는 법칙을 발견해 시간과 공간을 극복할 수 있었다. 이제 분명 우리는 중력의 법칙도 극복할 것이다.

24 생각은 계발되고 있는 생명의 힘, 또는 에너지이다. 생각은 불과 50년 전, 아니 25년 전 사람들도 절대 생각하지 못했을 아주 놀라운 결과를 만들어냈다. 50년간 마음 발전소를 만들어 이러한 결과를 확보했다면 앞으로 50년 뒤에는 무엇이든 기대할 수밖에 없지 않은가?

25 모든 것이 생성되는 원료는 양이 무한하다. 우리는 빛이 초속 약 30만 킬로미터라는 속도로 이동하고, 또 아주 멀리 떨어져 있는 별들은 2천 광년이 걸려야 닿을 수 있으며, 그

런 별들이 우주의 구석구석에 존재한다는 것을 알고 있다. 빛은 파동을 일으켜 오기 때문에, 이 파동이 이동하는 대기 밖의 공간이 연속적이지 않다면 우리에게 도달하지 못했을 것이다. 따라서 우리는 이 원료가 어디에나 존재한다는 결론에 도달할 수 있다.

26 그렇다면 그것은 어떻게 형태로 나타날까? 전기 과학에서 전지는 아연과 구리의 양극을 연결해 만들어지며, 전류가 한쪽에서 다른 쪽으로 흘러 에너지가 만들어진다. 극성을 띠는 모든 것에서 이와 같은 과정이 반복되며 모든 형태는 단순히 원자들의 진동수와 그로 인한 원자들의 상호 관계에 의존하기 때문에, 형태를 바꾸고 싶다면 극성을 바꾸어야 한다. 이것이 바로 인과 법칙이다.

27 이번에는 집중하는 훈련을 해보자. 집중이라는 말이 의미하는 모든 것을 해보자는 뜻이다. 생각의 대상에 완벽히 몰입하고 다른 것은 의식하지 말자. 이 훈련을 매일 몇 분씩 꾸준히 해보자. 몸에 영양분을 공급하기 위해 시간을 내 식사를 하는 것처럼, 우리 마음에도 영양분을 주기 위한 시간을 내면 어떨까?

28 외형이 기만적이라는 것을 생각하자. 지구는 평평하지도 않

고 정지해 있지도 않다. 하늘은 천정이 아니며 태양은 움직이지 않고, 별들은 작은 빛의 점이 아니며 한때 고정되어 있다고 생각하던 물질은 계속 움직이는 상태에 있다는 것이 밝혀졌다.

29 변하지 않는 원칙과 관련해 급속도로 늘고 있는 지식에 생각과 행동 방식을 맞춰야 할 날이 빠르게 다가오고 있다는 것을 깨닫도록 노력하자.

고요한 생각이 결국 모든 인간사에서
가장 강력한 대리인이다.

— 채닝Channing

영혼은 영혼의 존재와 가능성을 인식할 때 활성화된다

1   어떤 존재의 영혼은 곧 그 존재이다. 영혼은 반드시 고정되어 있으며, 변하지 않고 영원하다. 우리의 영혼이 바로 우리이다. 영혼이 없으면 우리는 아무것도 할 수 없다. 영혼은 우리가 영혼의 존재와 가능성을 인식할 때 활성화된다.

2   우리가 모든 재산을 소유했더라도 그것을 알지 못하여 쓰려는 의지를 갖지 않는 한, 아무런 가치가 없다. 이처럼 영적인 재산도 알고 쓰지 않으면 아무런 가치가 없다. 영적인 힘을 갖는 유일한 조건은 그 힘을 인지하고 쓰는 것이다.

3   모든 위대한 일은 인지를 통해 이루어진다. 최고의 힘은 의식이며 생각은 그를 전달하는 메신저이다. 이 메신저는 보이지 않는 세계, 즉 내부 세계의 현실을 끊임없이 만들어 내외부 세계의 조건과 환경으로 바꾸고 있다.

4   우리 삶에서 생각하기는 진정한 사업이며, 힘은 그 결과이다. 우리는 항상 생각과 의식의 마법 같은 힘을 다루고 있다. 우리 통제 안에 있는 힘을 망각하면서 어떤 결과를 기대할 수 있겠는가?

5   망각하는 한 우리는 자신을 표면적인 조건으로 제한하고 '생각하는 사람들'에게 짐이 된다. 그들은 자신의 힘을 인지하며, 생각하지 않으면 일을 더 많이 해야 한다는 것과 생각을 적게 하면 노력에 비해 얻는 게 적으리라는 것을 알고 있다.

6   힘의 비밀은 마음의 원칙과 힘, 방법과 조합을 완벽하게 이해하고 우주의 마음과 우리가 어떠한 관계에 있는지 완벽하게 이해하는 것이다. 이 원리는 변하지 않는다는 것을 기억하자. 변한다면 신뢰할 수 없다. 모든 원리는 변하지 않는다.

7   이러한 안정성은 우리에게 기회이다. 우리는 우주의 마음이

활동할 통로이다. 우주의 마음은 각 개인을 통해서만 행동할 수 있다.

8   우주의 본질이 우리 안에 있다는 것을 깨닫기 시작하면, 그리고 그것이 자기 자신임을 알기 시작하면 자신의 힘을 느끼기 시작할 것이다. 그 힘은 상상력에 불을 붙이는 연료이며, 영감의 횃불에 불을 붙이고 생각에 활력을 준다. 그래서 우리를 우주의 모든 보이지 않는 힘과 이어준다. 우리가 두려움 없이 계획하고 능숙하게 실행하게 하는 힘은 바로 이 힘이다.

9   하지만 인식은 오직 고요함 속에서만 찾아올 것이다. 고요함은 모든 위대한 목적에 요구되는 조건인 것 같다. 우리는 시각화하는 존재이다. 상상은 우리의 작업장이다. 우리의 이상이 시각화되는 곳은 바로 그곳이다.

10   이 힘의 본질에 관한 완벽한 이해가 힘을 발현하는 주요 조건이므로, 전체적인 방법을 계속해서 시각화해 필요할 때마다 사용할 수 있어야 한다. 무한한 지혜는 우리가 언제든 전능한 우주의 마음에서 필요할 때마다 영감을 얻는 방법을 알 때 따라온다.

11 우리는 내부 세계를 인지하지 못하고 의식에서 배제하기도 하지만, 여전히 내부 세계는 모든 존재의 기본 진실이다. 그리고 우리가 우리 내면뿐 아니라 다른 사람과 사건, 사물, 환경에서 인식하는 법을 알게 되면 '하늘의 왕국'이 우리 안에 있다는 것을 알게 될 것이다.

12 실패도 정확히 같은 원리가 작동한 결과이다. 원칙은 변하지 않고 작동은 정확하며 차이가 없다. 부족함과 한계, 부조화를 생각하면 그 열매를 모든 면에서 얻을 수 있다. 가난과 불행과 질병을 생각하면, 생각의 전달자가 다른 생각을 전달할 때처럼 똑같이 그것들을 전달하고 그 결과도 확실하게 나타날 것이다. 우리가 재앙을 두려워한다면 "내가 두려워하던 것이 나에게 닥쳤다."라고 했던 욥처럼 될 것이다. 무정하거나 무지하게 생각한다면 무지의 결과를 끌어당길 것이다.

13 이 생각의 힘은 올바르게 이해하고 사용하면 지금껏 꿈꿔왔던 것 중 가장 좋은 '노동력 절감 장치'가 되겠지만, 만일 이해하지 못하거나 부적절하게 사용한다면 그 결과는 앞서 살펴보았듯 재앙이 될 것이다. 우리는 이 힘의 도움을 받아 불가능해 보이는 것을 자신 있게 수행할 수 있다. 왜냐하면 이 힘은 모든 영감과 재능의 비밀이기 때문이다.

14 특별한 결과를 얻으려면 특별한 방법이 필요하다. 영감을 얻는다는 말은 낡은 방식에서 벗어나고 고정된 틀을 탈피한다는 뜻이다. 만물이 하나임을 인식하고 모든 힘의 근원이 내부에 있다는 것을 인지하게 되면 영감의 근원을 찾게 된다.

15 영감은 흡수하는 기술, 자아실현의 기술, 우리 마음을 우주의 마음에 맞추는 기술, 모든 힘의 원천에 적절한 메커니즘을 적용하는 기술, 형태가 없는 것에서 형태가 있는 것을 만들어내는 기술, 무한한 지혜가 흐르는 통로가 되는 기술, 완벽함을 시각화하는 기술, 그리고 전능한 힘이 어디에나 있다는 것을 깨닫는 기술이다.

16 무한한 힘은 어디에나 존재한다. 따라서 무한히 작은 것뿐 아니라 무한히 큰 것에도 존재한다는 사실의 인지와 이해는 우리가 그 본질을 흡수할 수 있게 한다. 이 힘은 영혼이므로 보이지 않는다는 사실을 더 잘 이해하면 동시에 모든 곳에 그것이 존재한다는 것을 느낄 수 있다.

17 이러한 사실들을 먼저 지적으로, 그다음 감정적으로 이해하면 우리는 이 무한한 힘이라는 바다 깊은 곳의 물을 마실 수 있다. 지적인 이해만으로는 도움이 되지 않는다. 감정이

들어가야 한다. 감정 없이 하는 생각은 차갑다. 생각과 감정이 합쳐져야 한다.

18 영감은 내부에서 나온다. 고요함 속에서 감각이 정지되어야 하고 근육이 이완되어 평안한 상태여야 한다. 평안함과 힘을 지니게 되면 목적을 달성하기 위해 필요한 정보나 영감, 지혜를 받을 준비가 갖춰질 것이다.

19 이 방법들과 천리안을 혼동하지 말자. 둘은 공통점이 없다. 영감은 받아들이는 기술이며 삶의 모든 좋은 것에 도움이 된다. 삶에서 우리가 할 일은 이 보이지 않는 힘이 우리에게 명령하고 지배하게 두지 말고 우리가 그것들을 이해하고 명령하는 것이다. 힘은 봉사를 의미한다. 또 영감은 힘을 의미한다. 영감의 방법을 이해하고 적용한다는 것은 슈퍼맨이 된다는 의미이다.

20 의식적으로 그러한 의도를 가지고 숨을 쉰다면, 우리는 숨을 쉴 때마다 더 풍요롭게 살 수 있다. '만약에'는 이 경우에 매우 중요한 조건이다. 의도가 주의력을 지배하고, 주의력을 기울이지 않으면 다른 사람이 얻는 비슷한 결과만 얻기 때문이다. 공급은 수요를 따라간다.

21 더 많은 것을 공급받으려면 수요를 늘려야 한다. 우리가 의식적으로 그 수요를 늘리면 더 많은 생명과 에너지, 활력을 공급받을 것이다.

22 이렇게 되는 이유는 이해하기 어렵지 않다. 하지만 이는 일반적으로 사람들이 이해하지 못하는 것처럼 보이는 삶의 중요한 수수께끼 중 하나이다. 이 수수께끼를 이해한다면 우리는 인생의 위대한 진실 중 하나를 발견하게 될 것이다.

23 우리는 "그 안에서 살고 움직이고 존재한다"라고 배웠고, '그'가 영혼이며 또한 '그'가 사랑이라고 배웠다. 그래서 숨 쉴 때마다 우리는 이 생명과 사랑과 영을 들이마시게 된다. 이것이 프라나 에너지Pranic Energy, 또는 프라나 에테르Pranic Ether라고 불리는 것이다. 이것이 없으면 우리는 한순간도 존재할 수 없다. 이것이 우주의 에너지이다. 태양신경총의 생명이다.

24 숨을 쉴 때마다 우리는 폐를 공기로 채우고 동시에 생명 그 자체인 이 프라나 에테르로 몸을 활성화한다. 그렇게 인간은 모든 생명과 지능, 모든 원료와 의식적으로 연결될 기회를 얻는다.

25　우주를 지배하고 있는 이 원리를 알고, 우리가 우주와 하나라는 것을 느끼며 의식적으로 우주와 일체감을 느끼는 간단한 방법을 깨닫는다면 질병이나 결핍, 또 제한에서 우리를 자유롭게 할 법칙을 과학적으로 이해할 수 있다. 사실 그렇게 되면 우리는 '생명의 숨결'을 들이마실 수 있다.

26　이 '생명의 숨결'은 초의식적인 실체이다. 그리고 '나'의 본질이다. 그것은 순수한 '존재'이자 곧 우주의 원료이다. 우리가 그것과 의식적으로 하나가 되면 그것을 어느 한 부분에 집중시켜 창조적 에너지의 힘을 쓸 수 있게 된다.

27　생각은 창조적인 진동이기 때문에, 생성된 조건의 질은 생각의 질에 달려 있다. 갖지 못한 힘을 표현할 수는 없기 때문이다. 우리는 무언가를 '하기' 전에 어떤 존재가 '되어야' 하고, 오직 그 존재가 '되어 있는' 정도로만 '할 수' 있다. 따라서 우리가 무엇을 하는지는 우리가 어떤 존재가 되어 있느냐와 일치하고, 어떤 존재가 되어 있느냐는 어떤 '생각'을 하느냐에 달려 있다.

28　우리는 생각할 때마다 그 생각과 정확히 일치하는 조건을 만드는 인과의 기차를 출발시킨다. 우주의 마음과 조화를 이루는 생각은 그에 상응하는 조건을 만들 것이다. 파괴적

이거나 조화롭지 않은 사고는 그에 상응하는 결과를 만든다. 우리는 건설적이거나 파괴적으로 생각을 활용할 수 있지만, 공평한 법칙은 '이런' 생각을 했는데 '저런' 열매를 맺게 하지 않는다. 우리는 이 놀라운 창조적 힘을 원하는 대로 사용할 자유가 있지만 대신 결과를 감수해야 할 것이다.

29 이것이 바로 의지의 힘, 즉 의지력에서 생기는 위험이다. 의지의 힘으로 이 법칙을 다스릴 수 있다고 생각하는 사람들이 있다. 그들은 어떤 씨앗을 심고, '의지의 힘'으로 그것과 다른 종류의 열매를 맺게 할 수 있다고 생각한다. 창조적인 힘의 근본 원리는 우주에 있다. 따라서 개인 의지의 힘으로 법칙을 우리 바람대로 따르게 할 수 있다는 생각은 잠깐 성공한 것처럼 보여도 결국 실패할 수밖에 없다. 우리가 사용하려는 그 힘을 적으로 돌리는 셈이기 때문이다.

30 이것은 개인이 우주를 상대로 강요하고 유한함이 무한함을 상대로 싸우려고 하는 것이다. 지속하는 행복은 거대한 전체의 지속하는 움직임과 의식적인 협력으로 얻어진다.

31 이번에는 조용한 곳으로 가 "그 안에서 살고 움직이고 존재한다."라는 말이 말 그대로이며, 과학적으로도 정확하다는 사실에 집중하자! 그가 존재하기에 우리가 존재하며, 그가

어디에나 존재한다면 우리 내면에도 존재할 것이다! 또 그가 모든 사람의 내면에 존재한다면 우리도 그 안에 있다는 사실이 분명하다! 그는 영혼이고 우리는 그의 형상을 따라 만들어졌으며, 그와 우리의 영혼은 단지 크기만 다를 뿐 본질과 바탕은 같다! 이 점을 분명히 깨달을 때 우리는 생각의 창조력이 지닌 비밀을 발견하고, 선과 악 모두의 기원을 찾을 수 있고, 또 집중의 놀라운 힘을 찾게 되며 건강과 경제, 환경에 관한 모든 문제를 해결할 열쇠를 찾아낼 것이다.

일관성 있고 깊고 명확하게 생각하는 힘은
잘못과 실수, 미신과 과학적이지 않은 이론,
불합리한 믿음과 분별없는 열정,
그리고 광신과 공공연한 천적이다.

— 해덕Haddock

생각은 이로움을
가져다주는 통로다

1 힘의 진정한 비밀은 힘을 의식하는 것이다. 우주의 마음은
   무조건적이다. 그러므로 우리가 이 우주의 마음과 하나가
   될수록 조건과 한계를 덜 의식하게 되고, 조건에서 얽매이
   지 않을수록 조건이 없는 사람이 될 것이다. 그렇게 자유로
   워지는 것이다!

2 내부 세계의 무한한 힘을 의식하자마자 우리는 이 힘을 끌
   어당기고, 이러한 분별력으로 깨달은 더 큰 가능성을 적용
   하고 발전하기 시작한다. 우리가 의식하는 것은 무엇이든

외부 세계에서 항상 형태를 띠고 나타나기 때문이다.

3 이는 만물이 생성되는 근원인 무한한 마음이 하나이고 분리할 수 없으며, 또한 각 사람이 이 영원한 에너지가 발현되는 통로이기 때문이다. 우리의 생각하는 능력은 이 우주의 마음에 적용할 수 있는 능력이고, 우리가 생각하는 대상은 물질세계에서 만들어지거나 창조된다.

4 정말 놀라운 이 발견의 결과는 마음이 특별한 특성을 지니며, 범위가 넓고 끝없는 가능성을 지녔다는 걸 의미한다. 이 힘을 의식하는 것은 '전기가 통하는 전선'이 된다는 뜻이다. 전기가 통하는 전선, 전기가 통하지 않는 전선과 접촉하는 것과 같은 효과가 나타난다는 말인 셈이다. 우주의 마음은 전기가 통하는 전선이다. 우주의 마음은 우리 삶에서 발생할 수 있는 모든 상황을 처리할 만한 충분한 힘을 지닌다. 사람의 마음이 우주의 마음에 닿으면 필요한 모든 힘을 받는다. 이것이 바로 내부 세계이다. 모든 과학은 내부 세계의 존재를 인식하고, 모든 힘은 이 세계에 대한 우리의 인식에 달려 있다.

5 불완전한 조건을 제거하는 능력은 정신적인 행동에 달려 있고, 정신적인 행동은 힘에 대한 의식에 달려 있다. 그러므

로 우리가 모든 힘의 원천과 자신이 하나라는 것을 의식할수록 모든 조건을 통제하고 지배하는 힘은 더 커질 것이다.

6 큰 생각은 작은 생각을 없애는 경향이 있기 때문에, 작고 바람직하지 않은 생각을 중화하거나 없애도록 큰 생각을 유지하는 편이 좋다. 이렇게 하면 우리 앞길을 가로막는 사소하고 성가신 장애물이 무수히 제거될 것이다. 우리는 더 큰 생각의 세계를 의식하게 되어 가치 있는 일을 달성하게 되며, 우리 마음의 능력 또한 향상될 것이다.

7 이것은 성공의 비결 중 하나이며, 승리를 얻는 방법 중 하나인 동시에, 훌륭한 사람들이 이뤄냈던 업적 중 하나이기도 하다. 그들은 크게 생각한다. 마음의 창조적인 에너지는 작은 일보다 큰일을 처리하는데 더 큰 어려움을 느끼지 않는다. 우주의 마음은 무한히 큰 것과 작은 것에 똑같이 존재한다.

8 우리가 마음에 관한 이 사실들을 깨닫게 되면 의식 속에서 바라는 조건들을 창조함으로써 어떤 조건이든 창조할 방법을 이해한다. 특정 시간 동안 의식 속에서 유지되는 모든 생각은 결국 잠재의식에 큰 인상을 남기게 되고, 따라서 창조적 에너지가 우리 삶과 환경에 관련 있는 패턴을 만들기 때문이다.

9   이런 식으로 조건이 만들어지며, 우리 삶은 단순히 우리가
    하는 지배적인 생각과 정신적인 태도, 곧 마음가짐의 반영이
    라는 것을 알게 된다. 올바른 생각의 과학이 하나의 과학이
    며, 그것이 곧 모든 다른 과학을 아우른다는 점도 알게 된다.

10 이 과학으로부터 우리는 모든 생각이 뇌에 인상을 만들고,
    이러한 인상이 정신적인 성향을 만들며, 이 성향이 또 우리
    의 성격과 능력, 목적을 만들고, 이런 성격과 능력, 목적이
    합쳐져 우리가 인생에서 만나는 경험을 결정한다는 사실을
    배운다.

11 이러한 경험들은 끌어당김의 법칙을 통해 우리에게 다가온
    다. 이 법칙의 작용을 통해 우리는 내부 세계와 동일한 경험
    을 외부 세계에서 마주하게 된다.

12 우리가 하는 지배적인 생각 또는 마음가짐은 자석과 같다.
    비슷한 부류끼리 끌린다는 뜻이다. 결과적으로 마음가짐은
    그 마음의 본질에 맞는 조건을 항상 끌어당긴다.

13 이 마음가짐은 우리의 성격이며 우리가 자기 마음속에서 만
    들어 온 생각들로 구성되어 있다. 그러므로 만약 조건을 바
    꾸고 싶다면 생각을 바꾸면 된다. 이렇게 하면 차례로 우리

의 마음가짐이 바뀌고 또 성격이 바뀌며, 그렇게 다시 우리가 삶에서 만나는 사람들과 사물, 조건, 경험이 바뀌게 된다.

14 마음가짐을 바꾸기는 쉽지 않다. 하지만 꾸준히 노력하면 할 수 있다. 마음가짐은 뇌에 찍은 마음의 사진을 본떠 만들어진다. 마음에 들지 않는 사진은 찢어버리고 새로운 사진을 찍으면 된다. 이것이 바로 시각화의 기술이다.

15 이렇게 하는 순간 우리는 새로운 것들을 끌어당기기 시작할 것이며, 그것들은 우리가 그린 새로운 그림에 대응할 것이다. 이렇게 해보자. 우리가 얻고 싶고 바라는 것을 완벽히 그림으로 마음에 깊이 새기고, 그 결과를 얻을 때까지 계속 간직하자.

16 만약 그 욕망이 결단력이나 능력, 재능, 용기, 힘 또는 다른 영적인 힘을 필요로 한다면 이것들은 우리 그림에 반드시 필요한 것들이다. 그림 안에 꼭 포함하자. 그림의 중요한 부분이기 때문이다. 그것들은 생각과 합쳐져 우리에게 필요한 것들을 끌어당기는, 거부할 수 없는 자력을 만들어 내는 감정이다. 우리 그림에 생명을 부여하며, 그 생명은 성장을 의미한다. 성장하기 시작하면 그 결과는 실질적으로 보장된다.

17 하고자 하는 일이 무엇이든 주저 말고 가능한 한 최고의 것을 성취하겠다고 마음먹자. 마음의 힘은 우리가 가장 크게 품은 열망을, 행동과 업적 및 사건으로 결실을 맺도록 늘 도움을 줄 준비가 되어 있다.

18 이러한 마음의 힘이 어떻게 작용하는지에 관한 예는 습관이 형성되는 과정에서 나타난다. 우리의 습관은 어떤 일을 하고, 그 일을 반복하고, 쉬워져 거의 저절로 될 때까지 되풀이하는 과정에서 생겨난다. 좋지 못한 습관을 고칠 때도 똑같은 규칙이 적용된다. 어떤 일을 하는 것을 멈추고, 피하고, 그 일로부터 완전히 벗어날 때까지 몇 번이고 피하는 과정을 거쳐야 한다. 가끔 실패한다고 해도 절대 희망을 잃지 말아야 한다. 법칙은 절대적이고 무적이며, 우리의 노력과 성공이 항상 완벽하지 않아도 그에 관해 보상해주기 때문이다.

19 이 법칙을 통해 우리가 할 수 있는 일에 한계는 없다. 자신의 '이상'을 대범하게 믿자. 자연은 이상에 따라 변한다는 것을 기억하자. 우리의 이상이 이미 성취된 것이라 생각하자.

20 삶의 진정한 싸움은 생각의 싸움이다. 이 싸움에서 소수는 다수에 맞선다. 한쪽에는 건설적이고 창조적인 생각이, 다

른 한쪽에는 파괴적이고 부정적인 생각이 있다. 창조적인 생각은 이성에 의해 지배되며, 수동적인 생각은 외형에 의해 지배된다. 양쪽 모두에는 과학자와 문학가, 그리고 유명인이 있다.

21 창조적인 쪽에는 실험실에서, 또 현미경과 망원경을 들여다보며 시간을 보내는 사람들, 그리고 산업과 정치, 과학계를 지배하는 사람들이 있다. 또 부정적인 쪽에는 법과 판례를 조사하는 데 시간을 보내는 사람들과 신학을 종교로 착각하는 사람들, 힘과 정의를 혼동하는 정치가와 앞이 아닌 뒤를 끝없이 바라보며 발전보다 과거를 좋아하는 수백만의 사람들, 외부 세계만 바라보고 내부 세계는 아무것도 알지 못하는 사람들이 있다.

22 이 두 가지 종류만 존재한다. 모든 사람은 한쪽 아니면 다른 한쪽을 선택해야 한다. 앞으로 가거나 뒤로 가야 한다. 모든 것이 움직이는 세상에서 가만히 서 있을 수 없기 때문이다. 가만히 서 있을 때, 임의적이고 불평등한 법칙을 허용하고 그에 힘을 실어주게 된다.

23 우리가 과도기에 있다는 사실은 어디에서나 명백히 나타나는 불안감으로 증명된다. 인류의 불평은 하늘의 대포 소리

처럼 낮고 위협적인 음으로 시작해, 소리가 구름 사이를 통과하고 결국 번개가 하늘과 땅을 갈라놓을 때까지 커진다.

24 산업과 정치, 종교가 가장 발달한 전초 기지의 순찰병들이 걱정스럽게 서로를 부르고 있다. 밤에는 어떠할까? 그들이 점령한 곳의 위험, 불안과 그곳을 지키려는 노력은 매 순간 더욱 뚜렷해지고 있다. 새로운 시대의 여명은 지금의 질서가 더 이상 오래 갈 수 없다고 선언한다.

25 사회적 문제의 핵심인 낡은 체제와 새로운 체제 사이의 문제는 전적으로 우주의 본질에 관해 우리가 마음속으로 얼마나 확신하느냐에 달려 있다. 우리가 우주의 마음의 초월적인 힘이 각자의 내부에 있다는 것을 깨달을 때, 소수의 특권 대신 다수의 자유와 권리를 생각하는 법을 만들 수 있을 것이다.

26 사람들이 우주의 힘을 비인간적이고 인류에게 이질적인 힘으로 간주하는 한, 모든 사회적 저항에도 불구하고 가상의 특권층 사람들이 신이 부여한 권리로 통치하는 게 더 쉬울 것이다. 그러므로 민주주의의 진정한 이점은 인간 영혼의 신성함을 드높이고 해방하고 인정하는 것, 또한 모든 힘이 내부에서 오는 것임을 인식하는 것이다. 자의로 힘을 위임

받는 것을 제외한다면 어떤 누구도 다른 사람보다 더 큰 힘을 가지고 있지 않다. 낡은 체제에서는 법이 법을 만든 사람들보다 우월하다고 믿게 만들었다. 여기에 모든 형태의 특권과 불평등이라는 사회악, 즉 신이 선택한 운명을 따라야 한다는 원칙의 제도화된 사회악의 핵심이 있다.

27   신의 마음은 우주의 마음이다. 이 마음은 단순한 변덕이나 분노, 질투로 행동하지 않는다. 또 자신의 행복이나 생존에 필요하다고 생각되는 것을 얻을 때 아첨하거나 힘을 행사하거나 동정심을 불러일으키거나 청원을 하지 않는다. 우주의 마음은 특정한 사람에게 유리하게 굴거나 예외를 두지 않는다. 하지만 그 사람이 우주의 원리와 자신이 하나라는 걸 이해하고 깨닫는다면 그는 특별히 총애 받는 것처럼 보일 것이다. 그가 모든 건강과 부, 힘의 근원을 찾아낼 것이기 때문이다.

28   이번에는 진리에 집중하자. 진리가 우리를 자유롭게 해주리라는 것을, 과학적으로 올바른 사고방식과 원칙을 적용하는 법을 깨달은 사람의 완벽한 성공을 영구적으로 방해할 방법이 없다는 것을 깨닫자. 우리가 내재된 영혼의 잠재력을 외부 세계에 드러내고 있다는 걸 깨닫자. 고요함이 진리의 가장 고차원적 개념을 일깨울 무한한 기회를 제공한다는

것을 깨닫자. 전능한 존재는 그 자체가 절대적인 고요함이
며, 다른 모든 것은 변화하고 움직이며 제한적이라는 걸 이
해하려 노력하자. 고요함 속에서 생각을 집중하는 것은 내
부 세계의 놀라운 잠재력에 도달하고 그것을 깨워 외부에
드러나게 하는 일이다.

생각 훈련의 가능성은 무한하고 그 결과는 영원하다.
하지만 여전히 생각을 자신에게 이로움을 안겨주는
통로로 삼으려는 사람은 드물다.
대신 모든 것을 운에 맡기려 한다.

— 마든Marden

지식은 값을 매길 수 없는 가치가 있다

1   지식은 값을 매길 수 없는 가치가 있다. 지식을 활용하면 우리는 미래를 원하는 대로 만들 수 있다. 현재의 성격과 환경, 능력, 신체 조건이 모두 과거 사고방식의 결과라는 걸 깨달을 때, 우리는 지식의 가치에 대한 개념을 갖기 시작할 것이다.

2   지금 건강 상태가 양호하지 않다면 사고방식을 살펴보자. 모든 생각이 마음에 인상을 남긴다는 것을 기억하자. 모든 인상은 잠재의식 속으로 가라앉아 성향을 만드는 씨앗이

된다. 성향은 비슷한 생각들을 끌어당긴다. 그러면 우리가 알기도 전에 수확해야 할 작물이 모습을 드러낸다.

3 만약 이러한 생각 속에 질병 같은 균이 포함되어 있다면 우리가 수확하는 것은 병과 부패, 연약함과 실패가 될 것이다. 문제는 우리가 무엇을 생각하고 있고 무엇을 창조하고 있으며 무엇을 수확할 것인가이다.

4 바꿔야 할 신체적 조건이 있다면 시각화의 법칙이 효과적일 수 있다. 신체적으로 완벽한 그림을 마음속에 그리고, 잠재의식에 흡수될 때까지 간직하자. 많은 사람이 이 방법으로 몇 주 만에 고질병을 극복했다. 또 수천 명이 이 방법으로 평범한 신체장애를 며칠 만에, 때로는 몇 분 만에 극복했다.

5 마음은 진동의 법칙을 통해 몸을 통제한다. 모든 정신 활동은 진동을 만들고 모든 형태는 단순히 일종의 움직임, 진동수이다. 어떤 진동이 주어지면 즉시 몸의 모든 원자가 바뀌며 모든 세포에 영향을 주고, 또 모든 세포 단위에서 화학적 변화가 일어난다.

6 우주의 모든 것은 진동수에서 비롯된다. 진동수가 바뀌면 특성과 형태와 기질이 변화한다. 보이거나 보이지 않는 자

연의 광대한 파노라마는 단순히 진동수를 변경함으로써 계속 변화하고 있다. 생각하는 것 또한 진동이므로 이 힘을 활용할 수 있다. 우리는 진동을 변화시키고, 그렇게 함으로써 원하는 어떤 신체적 조건도 만들 수 있다.

7 우리는 모두 매 순간 이 힘을 사용한다. 문제는 대부분의 사람이 무의식적으로 이 힘을 사용해 바람직하지 않은 결과를 얻고 있다는 점이다. 관건은 우리가 이 힘을 영리하게 활용해 바람직한 결과를 얻을 수 있느냐이다. 이는 어렵지 않을 것이다. 왜냐하면 우리는 무엇이 신체에 즐거운 진동을 만드는지 알 만큼 충분히 경험했고, 또 불쾌하고 신경 쓰이는 감정을 느끼게 하는 것이 무엇인지도 알고 있기 때문이다.

8 필요한 것은 우리 자신의 경험에서 배우는 것이다. 우리 생각이 고양되어 있고 진보적이고, 또 건설적이고 용기 있으며 고귀하고 친절하고 바람직하다면 확실한 결과를 가져올 진동 운동을 시작한 것이다. 생각이 질투와 증오, 시기와 비판, 그 밖에 수많은 조화롭지 않은 것들로 가득 찼을 때는 앞서 말한 경우와 다른 분명한 결과를 이끌 진동을 일으킨 것이 된다. 이 진동수가 계속 유지된다면 외형으로 결정된다. 첫 번째 경우에는 마음, 도덕, 신체적 건강이 결과가 되고, 두 번째 경우에는 부조화와 질병이 그 결과다.

9   그렇게 해서 우리는 마음이 신체에 미치는 힘을 이해할 수 있다.

10 의식이 신체에 특정한 영향을 미친다는 사실은 쉽게 알아볼 수 있다. 어떤 사람이 우스운 말을 해서 우리가 몸을 흔들면서까지 웃는다면, 이는 생각이 우리 몸의 근육을 지배한다는 점을 나타낸다. 또 누군가가 동정심을 자극해 우리 눈에 눈물이 가득 고인다면, 우리의 내분비샘을 생각이 통제한다는 뜻이다. 만약 어떤 사람이 우리를 화나게 한다면 생각이 우리의 혈액 순환을 통제한다는 것을 보여주듯 우리 얼굴이 붉어질 것이다. 하지만 이러한 경험들은 모두 우리 몸에 의식의 활동이 미치는 결과들이라 일시적인 성격을 지닌다. 이것들은 곧 사라져서 전과 같은 상황이 된다.

11 잠재의식이 신체에 미치는 영향이 어떻게 다른지 살펴보자. 우리가 상처를 입으면 수천 개의 세포가 바로 치료를 시작한다. 며칠 또는 몇 주 안에 그 작업이 완료된다. 뼈가 부러질 수도 있다. 지구상의 어떤 외과의도 부러진 뼈를 붙게 할 수 없다. 의사가 뼈를 잘 맞추면 잠재의식이 즉시 부러진 부위를 붙이기 시작할 것이고, 머지않아 그 뼈는 예전처럼 단단해질 것이다. 우리는 독을 삼킬 수도 있다. 잠재의식은 즉시 위험을 발견하고 독을 없애기 위해 격렬하게 애를 쓸 것

이다. 또 위험한 세균에 감염될 수도 있다. 잠재의식은 즉시 감염된 부위 주변에 장벽을 쌓고 그곳에 백혈구를 보내 감염된 것을 흡수하고 파괴할 것이다.

12 잠재의식의 이러한 과정들은 보통 우리가 알지 못하거나 방향을 정해주지 않아도 진행되며, 특별히 간섭하지 않는 한 완벽한 결과를 낸다. 하지만 수백만 개의 회복 세포가 모두 지능을 지니며 우리 생각에 반응하기 때문에, 우리의 두려움이나 의심, 불안에 의해 마비되거나 무력해진다. 일하는 사람이 중요한 일을 시작할 준비가 되었는데, 시작할 때마다 파업에 들어가거나 계획이 변경되어 결국 실망하고 포기하는 경우와 같다.

13 건강으로 다가가는 방법은 모든 과학의 기초가 되는 진동의 법칙에 달려 있다. 이 법칙은 마음, 곧 '내부 세계'에 의해 작동한다. 이것은 개인의 노력과 실천의 문제이다. 힘의 세계는 내부에 있다. 현명하다면 '외부 세계'에서 원하는 결과를 얻기 위해 시간과 노력을 낭비하지 말아야 한다. 외부 세계는 그저 그림자에 지나지 않는다.

14 우리는 항상 '내부 세계'에서 원인을 찾아야 한다. 원인을 바꾸면 결과가 바뀔 것이다.

15 우리 몸의 세포는 지능을 지녔으며 우리가 방향을 제시할 때 반응한다. 세포는 모두 창조적이며 정확히 우리가 주는 패턴대로 만들 것이다.

16 그렇기 때문에 완벽한 이미지가 잠재의식에 각인된다면 창조적인 에너지가 완벽한 신체를 만든다.

17 뇌세포도 같은 방식으로 구성된다. 뇌의 기질은 마음 상태, 즉 마음가짐에 달려 있기 때문에 바람직하지 않은 마음가짐이 잠재의식에 전달되면 이것이 차례로 온몸에 옮겨진다. 따라서 건강과 힘, 활력을 바란다면 이것들을 지배적으로 생각해야 한다는 점을 쉽게 알 수 있다.

18 따라서 신체의 모든 원소가 진동수의 결과라는 점을 알게 된다.

19 우리는 정신 활동이 각자 진동수를 갖는다는 사실을 알고 있다.

20 더 높은 진동수가 낮은 진동수를 지배하고 수정하며, 제어하고 변화시키거나 파괴한다는 것도 알고 있다.

21 우리는 진동수가 뇌세포의 특성에 의해 결정된다는 것을
    알고 있다.

22 그리고 이러한 뇌세포를 만드는 방법을 알고 있다.

23 우리는 신체에 원하는 어떤 물리적 변화를 일으킬 방법을
    알고 있다. 이 정도로 마음의 힘에 관한 실용적인 지식을 안
    다면 전능한 자연의 법칙과 조화를 이루는 능력에 실질적
    으로 아무런 제한이 없다는 점을 알게 된다.

24 마음이 몸에 영향을 미친다는 이러한 사실은 점점 더 대중
    에게 널리 이해되고 있으며, 많은 의사가 이 문제에 진지하
    게 관심을 기울이고 있다. 이 주제와 관련해 몇 권이나 중요
    한 책을 쓴 앨버트 쇼필드Albert T. Shofield 박사는 다음과 같
    이 말했다. "심리 치료라는 주제는 여전히 의료계 일반에서
    무시당하고 있습니다. 우리 생리학에서는 몸을 통제하는 핵
    심적인 힘에 관해 언급하고 있지 않으며, 몸을 지배하는 마
    음의 힘에 관해서도 거의 말을 하지 않고 있죠."

25 물론 많은 의사들이 기능이 문제가 되는 신경성 질환을 현
    명하게 치료한다. 하지만 우리가 주장하는 것은 심리 치료
    의 지식은 어느 학교에서도 가르치지 않았고, 어떤 책에서

도 배울 수 없는 직관적이고 경험적인 것이라는 점이다.

26 이대로 두어서는 안 된다. 심리 치료의 힘은 모든 의학계에서 신중하고 특별하고 과학적으로 가르치는 대상이 되어야 한다. 우리는 제대로 되지 않은 치료나 부족한 부분에 관한 것을 더 자세히 살펴보고, 방치된 사례에서 보이는 처참한 결과를 묘사할 수도 있다. 그러나 그 일은 기분이 좋지 않은 일이다.

27 자신에게 얼마나 많은 것을 해줄 수 있는지 아는 환자는 거의 없다. 환자가 자신을 위해 무엇을 할 수 있는지, 자신이 움직일 수 있는 힘이 무엇인지는 아직 알려지지 않았다. 우리는 그 힘이 우리가 하는 대부분의 상상보다 훨씬 더 대단하고, 또 더 널리 사용될 거라고 믿는다. 스스로 심리 치료를 통해 환자는 흥분된 마음을 진정시킬 수 있다. 기쁨과 희망, 믿음과 사랑의 감정을 일깨워 노력해야 하는 동기를 부여받고 정기적으로 마음을 단련하며, 또 질병에 관한 생각을 하지 않도록 할 수 있다.

28 이번에는 테니슨이 쓴 아름다운 시의 한 구절에 집중해보자. "그에게 말하라. 그가 들을 것이다. 영혼과 영혼은 만날 수 있다. 숨결보다 가까이, 손발보다 가까이 그가 있다." 그

런 다음 "그에게 말할" 때 전지전능한 힘과 연결되고 있다는 것을 깨달으려 노력해보자.

29 이러한 전지전능한 힘을 깨닫고 인정하면 모든 질병이나 고통이 빠르게 사라지고 조화와 완벽함이 그 자리를 대신한다. 병과 고통을 신이 보낸 것이라 생각하는 사람들이 있음을 기억하자. 만약 그렇다면 모든 내과의와 외과의, 그리고 적십자 간호사들은 신의 뜻을 거스르는 셈이 되며 병원과 요양원 역시 자비가 아닌 반란의 공간이 되어버린다. 물론 이 논리는 바로 터무니없다는 것이 밝혀지겠지만, 아직도 이런 생각을 진지하게 여기는 사람들이 많다.

30 그렇다면 최근까지 신학이 불가능한 창조주, 즉 죄를 지을 수 있는 존재를 창조하고 그 죄 때문에 영원한 벌을 내리는 창조주를 가르치려 애써왔다는 사실을 생각해보자. 물론 그런 엄청난 무지가 만들어 낸 결과는 사랑 대신 두려움이었다. 그래서 이런 선전을 2천 년 동안이나 계속 해 온 신학은 이제 기독교를 변호하느라 분주하다.

31 그러면 이제 우리는 이상적인 사람, 신의 형상과 비슷하게 만들어진 사람을 더 쉽게 받아들일 수 있고, 만물을 창조하고 유지하고 또 발생시키는 우주의 마음을 더 쉽게 받아들

일 것이다.

32 기회는 직관을 따르고, 행동은 영감을 따르며, 성장은 지식을 따르고, 명성은 진보를 따른다. 항상 영적인 것이 우선이며, 그다음이 성취를 위한 무한한 가능성으로의 변화이다.

모든 것은 엄청난 전체의 일부일 뿐이며,
전체의 본질은 신과 영혼이다.

― 포프Pope

부를 얻고자 하는 열망은
하나의 마음가짐이다

1   부의 의식은 하나의 마음가짐이다. 그것은 상업의 동맥으로 통하는 열린 문이다. 그것은 수용하는 태도이다. 욕구는 흐름을 움직이게 하는, 끌어당기는 힘이고, 두려움은 흐름을 멈추게 하거나 완전히 반전시켜 우리에게서 멀어지게 하는 큰 장애물이다.

2   두려움은 부의 의식과 정반대이다. 그것은 가난의 의식이다. 법은 변하지 않으므로 우리는 우리가 주는 그대로를 받는다. 두려워하면 두려워한 것을 받을 것이다. 부는 우리 존

재에 구석구석 스며들어 있다. 가장 현명한 사람도 마찬가지이다.

3   우리는 친구를 사귀며 돈을 벌고, 그들에게 봉사하고 그들을 도우며 친구의 범위를 넓힌다. 성공의 첫 번째 법칙은 봉사이다. 이것은 다시 성실과 정의에 기초한다. 최소한 의도가 정당하지 못한 사람은 무지한 사람이다. 모든 주고받음의 기본 법칙을 놓치고 있는 것이다. 그런 사람은 자신이 이기고 있다고 생각할지 모르지만, 반드시 실패한다. 무한한 존재를 속일 수는 없다. 주고받음의 법칙은 그에게 눈에는 눈을, 이에는 이를 선사한다.

4   삶의 기세는 불안정하다. 그것은 우리의 생각과 이성으로 구성되어 있으며, 생각과 이상은 다시 형태로 드러난다. 우리는 열린 마음을 유지하고 끊임없이 새로운 것에 손을 내밀며, 기회를 인식하고 목표보다 경주 자체에 관심을 두어야 한다. 즐거움은 소유가 아닌 추구에 있기 때문이다.

5   우리는 스스로 부를 끌어당기는 자석이 될 수 있지만, 그러기 위해서는 먼저 다른 사람들이 어떻게 돈을 벌게 할지 고려해야 한다. 기회와 적절한 조건을 인식하고, 활용할 통찰력과 가치를 인식하는 데 필요한 선구안이 있다면 그것을

이용할 수 있다. 그렇지만 우리가 거둘 가장 큰 성공은 우리가 다른 사람을 도울 능력이 있을 때 따라올 것이다. 한 사람에게 도움이 되는 일은 모든 사람에게 도움이 되어야 한다.

6 관대한 생각은 힘과 생명의 힘으로 가득 차 있고, 이기적인 생각은 파괴의 균으로 가득 차 있다. 이기적인 생각은 분해되어 사라진다. 모건Morgan과 같은 위대한 자산가들은 단순히 부를 분배하는 통로일 뿐이다. 엄청난 금액이 오고 가지만, 수입이 있는데 지출을 막는 것은 위험할 수 있다. 양쪽이 모두 열려 있어야 한다. 그런 것처럼 우리의 가장 큰 성공은 받는 것만큼이나 주는 것도 필수라는 점을 인지할 때 이루어진다.

7 모든 공급의 근원이 되는 전능한 힘을 인식한다면 우리는 의식을 이 공급에 맞추고, 그것이 우리에게 필요한 모든 것을 끌어당기게 하고, 또 우리가 더 많이 줄수록 더 많이 받는다는 것을 알게 될 것이다. 이런 의미에서 주는 것은 봉사를 의미한다. 은행가는 자신의 돈을 주며 상인은 자신의 물건을, 또 작가는 자신의 생각을, 그리고 기술자는 자신의 기술을 주는 것처럼 누구에게나 각자 무언가 줄 것이 있다. 하지만 더 많이 줄수록 더 많이 얻고, 더 많이 받으면 더 많이 줄 수 있게 된다.

8 자산가는 많은 것을 주기 때문에 많은 것을 얻는다. 그는 생각한다. 그는 다른 사람이 자신을 위해 대신 생각하길 바라는 일이 거의 없다. 그는 어떻게 해야 결과가 얻어지는지 알고 싶어 한다. 우리는 그에게 그 방법을 보여줘야 한다. 그렇게 한다면 그는 수많은 사람이 이득을 얻을 수 있는 수단을 제공할 것이고, 그들이 성공한 만큼 성공할 것이다. 모건과 록펠러, 카네기 등은 다른 사람을 위해 손해를 봤기 때문에 돈을 번 것이 아니다. 그들이 다른 사람을 위해 돈을 벌었기 때문에 세계에서 가장 부유한 사람이 되었다.

9 평범한 사람은 전혀 깊이 생각하지 않는다. 그는 다른 사람들의 생각을 받아들이고 그 생각을 앵무새처럼 반복한다. 이것은 우리가 여론을 형성할 때 사용하는 방법을 생각하면 쉽게 이해할 수 있다. 소수가 자신 대신 어떤 생각을 해도 기꺼이 내버려두는 게 대다수의 순진한 사람들이다. 이러한 태도 때문에 수많은 나라에서 소수가 권력의 모든 수단을 빼앗고 수백만의 사람들을 지배한다. 창조적인 생각에는 집중이 필요하다.

10 주의를 기울이는 힘을 집중력이라고 한다. 이 힘은 의지에 의해 발현된다. 그래서 우리는 우리가 바라는 것을 제외하고는 다른 어떤 것에도 집중하거나 생각하지 않아야 한다.

많은 사람은 끊임없이 온갖 슬픔과 손해, 그리고 불화에 집중한다. 생각은 창조적이므로 이런 집중에 반드시 우리는 더 많이 손해를 보고 더 많이 슬퍼하게 되며, 더 많은 불화와 연결된다. 이렇게 될 수밖에 없지 않은가? 반면 우리가 성공이나 이득, 또 다른 바람직한 조건과 마주하게 되면 자연스럽게 그런 결과에 집중하게 되고, 그렇게 해서 더 많은 것을 만들어 나가게 된다. 그리고 결국 더 많은 것을 얻게 된다.

11 이 원리를 이해하면 비즈니스 세계에서 어떻게 활용할 수 있는지에 관해 앳킨슨Arkinson이 《진보 사상Advanced Thought》에서 다음과 같이 말했다.

12 "영혼, 아니면 다른 이름으로 부르든 간에 그것은 의식의 본질이며 마음의 재료, 그리고 생각의 기초가 되는 실체라고 봐야 한다. 그리고 모든 아이디어는 의식 또는 정신활동이므로 영혼에서, 그 안에서만 절대적인 사실과 실체, 아이디어가 발견된다."

13 이를 인정한다면 영혼과 영혼의 발현에 관한 법칙을 제대로 이해하는 일은 '실질적인' 사람이 찾고 싶어 할만한 가장 '실질적인' 것이 아닐까? 만약 세상의 '실질적인' 사람들

이 이 사실을 이해한다면 그들은 영적인 것과 법칙에 관한 지식을 얻을 수 있는 곳으로 가기 위해 열성적이지 않을까? 그 사람들은 바보가 아니다. 이 근본적인 사실을 알면 그들은 성공의 본질이 있는 쪽으로 움직일 것이다.

14 구체적인 예를 들어보자. 시카고에 지인이 한 명 있는데, 나는 항상 그가 꽤 물질주의적이라고 생각했다. 그는 살면서 성공도 몇 번 했고 반대로 실패도 몇 번 겪었다. 내가 그와 마지막으로 만나 이야기를 했을 때, 그는 전의 상태와 비교해 사실상 '밑바닥' 단계였다. 그는 중년에 접어든 지 꽤 되었고 새로운 아이디어도 예전에 비해 잘 떠오르지 않는 상태였다. 말 그대로 벼랑 끝이었다.

15 그가 한 말은 요약하면 다음과 같다. "나는 사업에서 모든 일을 '잘 이루어내는' 것이 생각의 결과라는 걸 압니다. 그건 바보라도 다 알 거예요. 그런데 지금 나에겐 생각이나 좋은 아이디어가 부족한 것 같습니다. 하지만 이 '우주의 마음'에 관한 가르침이 옳다면 개개인이 무한한 마음과 '직접적으로 연결'될 수 있습니다. 무한한 마음에는 내가 겪은 것 같은 경험과 나만큼의 용기를 지닌 사람이라면 사업할 때 실제로 쓸 온갖 좋은 아이디어가 있어야 해요. 그걸 가지고 크게 성공할 수 있을 겁니다. 좋아 보이더라고요. 나도 한번

배워볼까 합니다."

16 이것은 거의 2년 전에 있었던 일이다. 지난번에 다시 이 사람에 관한 이야기를 들었다. 나는 친구와 대화하다가 다음과 같이 말했다. "그 친구는 어떻게 지내고 있을까? 잘 지내고 있는지 모르겠네." 그러자 친구가 놀라며 나를 쳐다봤다. "무슨 소리야. 그 사람 엄청나게 성공한 거 몰라? 그 사람 'XX 회사'의 대표야. (친구 말에 따르면 그는 지난 1년 반 동안 경이로운 성공을 이루었고, 광고 덕분에 세계적으로도 회사가 유명해졌다고 했다.) 그 사람이 바로 회사의 성공을 이끈 아이디어를 냈어. 이제 순이익이 50만 달러나 되고 곧 100만 달러를 달성할 거라더군. 그것도 1년 반 만에." 나는 이 회사가 거둔 놀라운 성공을 이미 들어 알고 있었지만, 그 사람과 회사가 연관 있다고 생각한 적은 없었다. 알아본 결과 이 이야기는 사실이었고, 친구가 말해준 내용에는 조금의 과장도 없었다.

17 자, 어떻게 생각하는가? 내 생각에 그 사람은 실제로 무한한 마음과 '직접적인 연결'을 이루었다. 그리고 그 마음이 자신을 위해 움직이도록 만들었다. 그는 '자기 일에 우주의 마음을 활용한' 것이다.

18 이 말이 신성을 모독하는 것처럼 들리는가? 부디 그러지 않길 바란다. 그런 뜻으로 한 말은 아니다. '무한한 존재'라는 개념에서 인격, 즉 확대된 인간성의 의미를 제거하면 무한한 힘을 가진 존재가 남으며, 그 본질은 '의식'이다. 이 의식은 영혼과도 같은데, 이 사람 역시 결국은 그 '영혼'이 외부에 발현된 것으로 보면 된다. 영혼이기도 한 그가 최소한의 힘을 발현할 수 있게 그 힘의 기원이자 근원과 조화를 이뤘다는 생각에 신성 모독의 뜻은 전혀 들어있지 않다. 우리는 모두 다소 차이는 있겠지만 창조적인 생각을 할 때 이와 비슷하게 하고 있다. 다만 이 사람은 더 많이 했고, 아주 '실질적인' 방식으로 진행했다.

19 나는 그를 다음에 다시 만나게 되면 물어볼 생각이지만 아직은 성공을 이끈 그 방법을 물어보지 못했다. 하지만 아마 그는 자신이 필요로 하는 아이디어(그 아이디어는 그가 이룬 성공의 씨앗이 되었다)에 관해 무한한 존재를 이용했을 뿐 아니라, 성공을 위해 창조적인 사고를 활용해 이상적인 패턴을 구축했을 것이다. 그리고 그 대략적인 패턴을 세부적으로 바꾸고 고쳐가며 세밀하게 완성했다. 이것이 사실이라고 판단한 이유는 2년 전 그와 나눈 대화의 기억도 있긴 하지만, 그와 유사하게 창조적인 사고를 실현한 다른 유명인의 경우에도 그와 같았다는 걸 알기 때문이다.

20 외부 세계에서 자신의 일을 위해 무한한 힘을 활용한다는 생각에 위축되는 사람은 무한한 힘이 조금이라도 반대한다면 그 일은 절대 일어날 수 없다는 점을 기억해야 한다. 무한한 힘은 자신을 돌볼 줄 알기 때문이다.

21 '영성'은 꽤 '실질적'이고 매우 '실질적'이며 지극히 '실질적'이다. 영성은 영혼이 실체고 전체이며, 물질은 변형시킬 수 있는 것, 즉 영혼이 이 물질을 창조하고 바꾸며 변형시킬 수 있다는 점을 가르쳐준다. 영성은 세상에서 가장 '실질적'이다. 진정 유일하고 절대적으로 '실질적인' 것이다.

22 이번에는 우리 인간이 영혼을 가진 몸이 아니라 몸을 가진 영혼이라는 점, 그리고 이러한 이유 때문에 인간은 영적이지 않은 것에서는 지속적인 만족을 느낄 수 없다는 점에 집중하자. 그러니 돈은 우리가 원하는 조건을 가져다준다는 것 외에는 아무런 가치가 없으며, 이때 조건들은 반드시 조화로워야 한다. 조화로운 조건들은 무엇이든 충분한 공급을 이루어준다. 뭔가 부족한 점이 있다면 부의 핵심이 봉사라는 것을 깨달아야 한다. 이러한 생각이 형성되면 공급의 통로가 열릴 것이며, 우리는 영적인 방식이 매우 실질적이라는 것에 만족할 것이다.

우리는 어떤 목적을 위한 계획적이고
질서 있는 사고가 그 목적을 고정된 형태로
성숙시킨다는 것을 깨달았다.
그래서 우리는 우리가 쓰는 힘의 실험 결과를
절대적으로 확신할 수 있다.

— 프랜시스 라리머 워너Francis Larimer Warner

우리를 자유롭게 만드는 것은
결국 '진리'이다

1 과학자들이 처음 태양이 태양계 중심에 있고 지구가 그 주
위를 회전한다고 했을 때 모두가 놀라워하고 경악했다. 그
생각은 분명 잘못된 것 같았다. 해가 하늘을 가로질러 이동
하는 것보다 더 분명한 사실은 없어 보였고, 누구나 해가 서
쪽 언덕으로 내려와 바다로 가라앉는 모습을 보았다. 학자
들은 분노했고 과학자들은 그 생각이 터무니없다며 받아들
이길 거부했다. 하지만 증거가 나타나자 결국 모두의 마음
이 변했다.

2　우리는 종을 '소리 나는 물건'이라고 말하지만 종이 하는 일
은 그저 공기 중에서 진동을 만드는 일이다. 이 진동이 초당
16회가 되면 우리 귀에 들어온다. 우리는 초당 3,800회의
진동을 들을 수도 있다. 이 숫자가 이보다 높아지면 다시 침
묵이 찾아온다. 따라서 우리는 소리가 종이 아닌 우리의 마
음속에 있다는 것을 알 수 있다.

3　우리는 심지어 태양을 '빛을 주는 것'이라고 생각한다. 하지
만 태양은 단순히 초당 400조의 진동을 에테르에 발생시켜
우리가 말하는 빛을 만들 뿐이다. 그저 에너지를 방출하고
있다. 그래서 빛이라는 것은 단순히 에너지의 한 형태일 뿐
이며, 파장의 움직임에 의해 일어나는 마음의 감각이다. 진
동수가 늘어나면 빛의 색은 변한다. 파장이 더 짧고 진동도
더 빠르기 때문이다. 그래서 우리는 비록 장미가 붉은색, 하
늘이 푸른색, 그리고 풀이 녹색이라고 말하지만 색은 그저
우리 마음속에 존재할 뿐, 빛의 진동에서 비롯된 변화로 우
리가 느끼는 감각이라는 점을 알고 있다. 진동수가 400조
이하로 줄어들면 더 이상 빛으로 느껴지지 않고 열로 느껴
진다. 따라서 진실을 알려면 감각 경험에 의존하지 않아야
한다. 만약 감각 경험에 의존한다면 우리는 태양은 움직이
고, 세상은 둥글지 않고 평평하고, 또 별들은 거대한 천체가
아니라 빛의 조각이라고 믿었을 것이다.

4 그렇다면 형이상학의 모든 이론과 실체 전체는 '우리와 우리가 살고 있는 세계에 관한 진리를 아는 것'에 국한된다. 조화로워지려면 조화를 생각해야 한다. 또 건강해지려면 건강을, 풍요로워지려면 풍요를 생각해야 한다. 이를 위해서는 감각 증거를 뒤집어야 한다.

5 질병과 부족, 한계와 제한이 단순히 잘못된 생각의 결과라는 것을 알게 될 때, 우리는 '우리를 자유롭게 해주는 것은 진리'라는 것을 알게 될 것이다. 어떻게 산을 다른 곳으로 옮길 수 있는지도 알게 될 것이다. 만약 이 산들이 의심과 두려움, 불신, 또는 다른 유사한 감정들로 구성되어 있다고 해도 그것들은 실체이며, 제거할 필요가 있을 뿐 아니라 바다에 던져야 한다.

6 진정 해야 할 일은 이러한 말이 진실인지 스스로 확신하는 것이다. 이를 해낸다면 진리를 생각하는 데 어려움이 없을 것이다. 앞에서 살펴본 것처럼 진리는 생명력이 있기 때문에 스스로 모습을 드러낼 것이다.

7 정신을 다스려 질병을 치료하는 사람들은 이 진리를 알아차린 사람들로, 그들은 매일 자기 삶과 다른 사람들의 삶에서 그것을 증명한다. 그들은 생명과 건강과 풍요가 모든 공

간을 채우고 있고 어디에나 있다는 점을 알고 있으며, 질병이나 결핍이 나타나게 하는 사람들은 아직 이 위대한 법칙을 이해하지 못했다는 점도 알고 있다.

8   모든 조건은 생각의 창조물이고, 따라서 완전히 마음의 것이므로 질병과 결핍은 단순히 진리를 깨닫지 못한 정신 상태를 드러낼 뿐이다. 잘못된 마음 상태가 개선된다면 즉시 조건도 변화할 것이다.

9   그렇게 하려면 고요함 속에 들어가 진리를 알면 된다. 모든 마음이 하나로 통하기 때문에 우리는 자신을 위해서나 다른 사람을 위해서 이렇게 할 수 있다. 원하는 조건의 정신 이미지를 형성하는 법을 배웠다면 그것이 가장 쉽고 빠른 방법일 것이다. 만약 그렇지 못하다면 논증을 통해, 그리고 우리 주장의 진실성을 자기 자신에게 완전히 설득하게 하는 과정을 통해 성취할 수 있다.

10   이것은 가장 이해하기 어려울 뿐 아니라 가장 멋진 말 중에 하나라는 것을 기억하자. 어려움이 무엇이든, 그것이 어디에 있든, 누가 영향을 받든, 가장 중요한 것은 우리 자신이라는 점을 기억하자. 우리는 드러나길 바라는 진리를 스스로 확신하기만 하면 된다.

11 이것은 존재하는 모든 형이상학의 체계와 조화를 이루는 정확히 과학적인 말이다. 다른 방법으로는 지속적인 결과가 보장되지 않는다.

12 마음의 이미지를 만드는 것이든, 논증이든, 자기 암시든 모든 형태의 집중은 진리를 깨닫는 단순한 방법이다.

13 누군가를 돕고 싶고 부족함이나 한계, 잘못을 없애고 싶다면 돕고자 하는 그 사람을 생각하는 게 올바른 방법이 아니다. 도와주겠다는 의도로도 이미 충분하다. 이렇게 하면 그 사람과 정신적으로 연결되기 때문이다. 그런 다음 부족함이나 한계, 질병이나 위험, 어려움 등 문제가 무엇이든 간에 자기 마음에서 지워버리자. 이것은 성공하자마자 결과를 만들어내 그 사람 역시 자신을 괴롭혔던 문제에서 자유로워질 것이다.

14 그러나 깨달아야 한다. 생각은 창조적이기 때문에 어떤 조화롭지 못한 조건을 생각할 때마다 그러한 조건은 외형이고 실체가 아니며, 영혼만이 유일한 실체이고 그 영혼은 완벽할 수밖에 없음을 깨달아야 한다.

15 모든 생각은 에너지의 한 형태이며 진동이지만, 진리에 관

한 생각은 알려진 것 중에 가장 높은 진동수를 지니기에 마치 빛이 어둠을 파괴하듯 모든 거짓을 파괴한다. '진리'가 나타나면 거짓은 존재할 수 없다. 따라서 우리가 해야 할 일은 진리를 이해하는 것이다. 이 작업을 통해 우리는 모든 형태의 부족과 한계, 질병을 극복할 수 있다.

16 우리는 외부 세계에서 진리를 이해할 수 없다. 외부 세계는 상대적일 뿐이다. 진리는 절대적이다. 따라서 우리는 반드시 '내부 세계'에서 진리를 찾아야 한다.

17 진리를 보는 마음을 훈련하면 오직 진정한 조건만 드러난다. 이를 수행하는 우리의 능력은 우리가 이루고 있는 발전이 얼마나 진행되었는지를 알리는 지표가 될 것이다.

18 절대 진리는 '내'가 완벽하고 완전하다는 것이다. 진정한 '나'는 영혼이며, 그러므로 완벽하지 않을 수 없다. 영혼은 어떠한 부족함도, 한계도 질병도 없다. 천재적인 반짝임은 뇌의 분자가 움직이기 때문이 아니다. 그것은 우주의 마음과 하나인 자아, 영적인 '나'에게 영감을 받아 드러난다. 그리고 이를 깨달으면 모든 영감과 천재성을 얻게 된다. 이 결과는 범위가 넓으며 아직 오지 않은 세대에게 영향을 미친다. 그것은 수백만의 사람들이 걸어갈 길을 표시하는 불의

기둥이다.

19   진리는 논리적 훈련이나 실험, 관찰의 결과가 아니라 발전된 의식의 산물이다. 카이사르Caesar가 지닌 내면의 진실은 그의 태도와 삶, 행동에 나타난다. 사회 형태와 발전에 대한 그의 영향력에서 드러난다. 우리의 삶과 행동, 그리고 세상에 미치는 영향력은 우리가 깨닫는 진리의 정도에 달려 있다. 진리는 신념이 아니라 행동으로 나타나기 때문이다.

20   진리는 성격에 나타나고 그 성격은 그가 믿는 종교나 진리라고 믿는 것의 해석에서 나오며, 이는 다시 자신이 소유한 것의 특성에서 증명된다. 만약 어떤 사람이 자기 운명의 흐름을 불평한다면 이는 부당하다. 명백하고 합리적인 진리를 부정하는 것처럼 부당하다.

21   우리 환경과 삶의 무수한 상황, 그리고 사고들은 이미 그에 부합하는 정신적, 물질적인 것을 끌어당기는 잠재의식적 인격 안에 존재한다. 따라서 우리의 미래는 현재를 기반으로 결정되고 있다. 만일 삶에 명백하게 부당한 측면이 있다면 원인을 내부에서 찾아내고 외부 결과를 만든 정신적 이유를 찾아내려 노력해야 한다.

22 우리를 '자유롭게' 만드는 것은 바로 이 진리이며, 이를 의식적으로 알면 모든 어려움을 극복할 수 있다.

23 우리가 외부 세계에서 만나는 조건은 항상 내부 세계에서 만들었던 조건의 결과이다. 따라서 완벽한 이상을 마음에 새김으로써 이상적인 조건을 만들어낸다는 것은 과학적으로 정확한 사실이다.

24 만약 불완전하고 상대적이며 제한된 조건들만 본다면 그런 조건들이 삶에서 나타난다. 하지만 영적인 자아, 영원히 완벽하고 완전하고 조화로운 '나'를 보고 깨달을 수 있게 마음을 단련한다면 조화롭고 건강한 조건들만이 나타날 것이다.

25 생각은 창조적이고 진리는 누구나 생각할 수 있는 가장 고귀하고 완벽한 생각이기 때문에, 진리를 생각하면 진실한 것이 창조된다는 사실은 명확하다. 또 진리가 나타나게 되면 거짓이 사라진다는 점도 분명하다.

26 우주의 마음은 현존하는 모든 마음의 총합이다. 영혼은 마음이다. 영혼은 지능을 지녔기에 영혼과 마음, 이 두 단어는 동의어이다.

27 우리가 싸워야 하는 어려움은 마음이 개별적이 아니라는 것을 깨닫는 일이다. 마음은 어디에나 존재한다. 다시 말해, 마음이 없는 곳은 없다. 그러므로 마음은 보편적이다.

28 지금까지 사람들은 이 우주의 창조적 원리를 나타내기 위해 '신'이라는 단어를 일반적으로 사용해 왔다. 그러나 '신'이라는 단어는 올바른 의미를 전달하지 않는다. 대부분 사람은 이 단어가 자신의 외부에 있는 것을 의미한다고 여긴다. 하지만 사실은 정확히 그 반대가 맞다. 신이 의미하는 것은 바로 우리의 생명이다. 생명 없이는 살아갈 수 없다. 우리 존재는 사라질 것이다. 영혼이 몸을 떠나는 순간 우리는 아무것도 아닌 게 된다. 그러므로 영혼은 분명 우리의 전부이다.

29 영혼이 하는 유일한 활동은 생각하는 것이다. 따라서 생각은 창조하는 것임이 틀림없다. 영혼이 창조하기 때문이다. 이 창조하는 힘은 모두에게 존재한다. 생각하는 능력은 이 힘을 통제하고 자신과 다른 사람들의 이익을 위해 사용할 줄 아는 능력이다.

30 이 말이 진실임을 깨닫고 이해하고 받아들일 때 우리는 성공의 열쇠, 즉 마스터키를 소유하게 될 것이다. 하지만 이것

을 이해할 수 있을 만큼 현명하고, 증거를 따져볼 수 있을 정도로 포용력이 있고, 자신의 판단을 따를 만큼 단호하며, 희생을 견딜 만큼 강한 사람들만이 문을 열고 들어가 나눠 가질 수 있다는 것을 기억하자.

31 이번에는 우리가 사는 세상이 정말 멋진 곳이고 우리가 멋진 존재이며, 많은 사람이 진리에 관한 지식에 눈을 뜨고 있다는 것을 알아차리려 노력하자. 또 사람들이 '자신을 위해 준비된 모든 것들'에 관한 지식을 깨닫는 순간 그들 역시 약속의 땅에서 빛나는 것들이 '눈으로도 보지 못하고 귀로도 듣지 못하며 사람의 마음으로도 생각하지 못하는' 것임을 깨닫는다. 그들은 심판의 강을 건너고 진실과 거짓을 가리는 곳에 도착했으며, 자신이 의도하고 꿈꿨던 모든 것이 눈부신 현실과 비교한다면 극히 희미한 것에 불과하다는 점을 알아차릴 것이다.

땅의 유산을 물려받더라도
지식과 지혜의 유산은 물려받을 수 없다.
부자는 자신을 위해 일을 하는 대가로
다른 사람들에게 돈을 지불할 수 있지만,
다른 사람이 자신을 위해 생각하게 하거나
자기 자신의 발전을 사들이는 일은 할 수 없다.

— 스마일스S. Smiles

독점 부록 1

스물 네 개의 미공개
추가 마스터키

1

모든 힘의 원천에 대하여

Q 외부 세계는 내부 세계와 어떻게 관련이 있는가?

A 외부 세계는 내부 세계의 그림자이다.

Q 모든 소유는 무엇에 의존하는가?

A 모든 소유는 의식에 의존한다.

Q 개개인은 외부 세계와 어떻게 이어지는가?

A 개개인은 외부 의식에 의해 외부 세계와 연관된다. 우리 뇌는 이 외부 의식의 기관이다.

Q 인간은 우주의 마음과 어떻게 연관되는가?

A 인간은 잠재의식에 의해 우주의 마음과 이어진다. 태양신경총은 잠재의식의 기관이다.

Q 우주의 마음이란 무엇인가?

A 우주의 마음은 현존하는 모든 원자에 담긴 생명의 원리이다.

Q 어떻게 개개인이 우주의 마음에 작용할 수 있는가?

A 개인의 사고하는 능력은 우주의 마음에 작용하며 그것을 외부에 발현시키는 능력이다.

Q 이 작용과 반작용의 결과는 무엇인가?

A 이 작용과 반작용에 의해 원인과 결과가 생겨난다. 모든 생각은 원인이고 모든 조건은 결과이다.

Q 조화롭고 바람직한 조건은 어떻게 얻을 수 있는가?

A 조화롭고 바람직한 조건은 올바른 사고에 의해 얻어진다.

Q 모든 불화와 불협화음, 결핍과 한계의 원인은 무엇인가?

A 불화와 불협화음, 결핍과 한계는 잘못된 사고의 결과이다.

Q 모든 힘의 원천은 무엇인가?

A 모든 힘의 원천은 무한한 공급의 샘인 내부 세계이며, 개개인은 무한한 에너지의 배출구이다.

2

의식과 잠재의식에 대하여

Q 마음의 활동에서 말하는 두 가지 방식은 무엇인가?

A 의식과 잠재의식.

Q 편안함과 완벽함은 어디에 달려 있는가?

A 편안함과 완벽함은 우리가 의식에 의존하는 것을 멈추는
정도에 달려있다.

Q 잠재의식의 가치는 무엇인가?

A 잠재의식의 가치는 막대하다. 그것은 우리를 인도하고 경고
메시지를 보내며, 생명 유지 과정을 통제하고 기억을 보관
한다.

Q 의식의 기능에는 어떤 것이 있는가?

A 의식에는 분별하고 추론하는 능력이 있다. 의식은 의지의
중심이며 잠재의식에 깊은 인상을 남긴다.

Q 의식과 잠재의식의 구분은 어떻게 표현되는가?

A 의식은 추론하는 의지이다. 잠재의식은 과거에 존재한 의식의 결과인 본능적인 욕구이다.

Q 잠재의식에 깊은 인상을 주려면 어떤 방법이 필요한가?

A 원하는 것을 마음속으로 이야기한다.

Q 그 결과는 어떻게 되는가?

A 욕망이 거대한 전체, 즉 우주의 마음의 움직임과 조화를 이룬다면, 결과를 가져올 힘이 작용하기 시작할 것이다.

Q 이 법칙을 적용하면 결과는 어떻게 되는가?

A 우리의 지배적인 마음가짐에 상응하는 조건이 환경으로 반영되어 드러난다.

Q 이 법칙의 이름은 무엇인가?

A 끌어당김의 법칙.

Q 이 법칙은 어떻게 정의되는가?

A 생각은 창조적인 에너지이다. 따라서 목표가 되는 대상과 저절로 이어져 그것을 현실로 표현하게 할 것이다.

3

에너지를 조절하는 방법에 대하여

Q 의식 기관은 어떤 신경계인가?

A 중추 신경계.

Q 잠재의식의 기관은 어떤 신경계인가?

A 교감 신경계.

Q 신체가 지속적으로 만들어내는 에너지를 분배하는 중심은 어디인가?

A 태양신경총.

Q 이런 에너지의 분배를 방해하는 요인은 무엇인가?

A 저항적이고 비판적이며 조화롭지 못한 생각이 방해한다. 특히 두려움이 그렇다.

Q 방해로 인한 결과는 무엇인가?

A   인류가 고통 받는 모든 종류의 병.

Q   이 에너지를 조절하고 지시하는 방법은 무엇인가?

A   의식적인 생각을 통해.

Q   어떻게 하면 두려움이 완전히 사라지는가?

A   모든 힘의 진정한 근원을 이해하고 인식하면 된다.

Q   무엇이 우리가 살면서 겪는 경험을 결정하는가?

A   평소에 주로 하는 지배적인 마음가짐.

Q   어떻게 태양신경총을 일깨울 수 있는가?

A   우리 삶에 드러내고 싶은 조건에 마음을 집중한다.

Q   우주를 창조한 원리는 무엇인가?

A   우주의 마음.

4

생각의 가치에 대하여

Q   생각이란 무엇인가?

A   생각이란 영적인 에너지이다.

Q   생각은 어떻게 실행되는가?

A   진동의 법칙으로.

Q   어떻게 생각에 생명력을 주는가?

A   사랑의 법칙을 활용해서.

Q   생각이 형태를 갖게 하는 것은 무엇인가?

A   성장의 법칙.

Q   생각이 지닌 창조력의 비밀은 무엇인가?

A   영적인 활동이라는 점.

Q   성취를 가져올 믿음과 용기, 열정을 어떻게 키울 수 있는가?

A   자신의 영적인 본질을 깨달으면 된다.

Q   힘의 비밀은 무엇인가?

A   베풀거나 봉사하기. 상대에게 주기.

Q   이유는 무엇인가?

A   준 것을 받기 때문이다.

Q   고요함이란 무엇인가?

A   신체적인 평온함.

Q   그 가치는 무엇인가?

A   그것은 자신을 통제하고 지배하는 첫 단계이다. 힘은 휴식
을 통해 얻어진다. 우리는 오직 고요함 속에서만 고요할 수
있다. 우리는 고요한 상태로 있을 때, 그리고 생각이 모든
성취의 비결일 때만 생각할 수 있다.

5

힘을 소유하는 방법에 대하여

Q **우리 마음의 어느 정도가 잠재의식인가?**

A 적어도 90퍼센트.

Q **일반적으로 이 거대한 마음의 창고가 활용되는가?**

A 그렇지 않다.

Q **그렇지 않은 이유는 무엇인가?**

A 의식적으로 지시할 수 있는 활동이라는 점을 이해하거나 아는 사람이 거의 없기 때문이다.

Q **어디에서 의식이 그 지배적인 성향을 받았는가?**

A 유전에서 받는다. 이것은 과거 모든 세대의 모든 환경이 만들어낸 결과를 의미한다.

Q **끌어당김의 법칙이 우리에게 주는 것은 무엇인가?**

A '우리의 것'.

Q **'우리의 것'은 무엇인가?**

A 본질적인 우리 자신과 우리가 과거에 의식적, 무의식적으로
했던 생각의 결과.

Q **우리가 마음의 집을 짓는 재료는 무엇인가?**

A 우리가 하는 생각.

Q **힘의 비결은 무엇인가?**

A 어디에나 존재하는 전능한 힘을 인식하는 것.

Q **힘은 어디서 발생하는가?**

A 모든 생명과 힘은 내부에서 나온다.

Q **힘을 소유하는 방법은 무엇인가?**

A 이미 지니고 있는 힘을 적절하게 활용한다.

6

집중력에 대하여

Q 전기가 발생시키는 효과들은 무엇인가?

A 열, 빛, 전력, 음악.

Q 이러한 다양한 효과는 무엇에 달려있는가?

A 전기가 적용되는 메커니즘에 달려있다.

Q 개개인의 마음이 우주에 미치는 작용과 반작용의 결과는 무엇인가?

A 우리가 만나게 되는 조건과 경험.

Q 이러한 조건들은 어떻게 바뀔 수 있는가?

A 우주의 마음이 외부로 드러나는 메커니즘을 바꿈으로써.

Q 이 메커니즘은 무엇인가?

A 우리의 뇌.

Q   이것을 어떻게 바꿀 수 있는가?

A   생각이라고 부르는 과정을 통해 바꿀 수 있다. 생각은 뇌세포를 만들어내고 이 세포들은 우주의 생각, 즉 보편적인 생각에 해당하는 것에 반응한다.

Q   집중력은 어떤 가치를 지니는가?

A   집중력은 개개인이 이룰 수 있는 최고의 성취이며 성공한 모든 사람에게서 두드러지게 드러나는 특징이다.

Q   집중력을 어떻게 키울 수 있는가?

A   이 책에서 안내하는 연습 방법을 충실히 이행하면 된다.

Q   이것이 왜 그토록 중요할까?

A   집중력은 우리가 생각을 통제할 수 있게 해준다. 생각이 원인이기에 조건이 그 영향을 받게 된다. 즉, 그 결과가 된다. 원인을 통제할 수 있다면 결과 역시 통제할 수 있다.

Q   외부 세계에서 조건을 변화시키고 결과를 몇 배나 늘리는 방법은 무엇인가?

A   인류가 건설적인 사고의 기본 방법을 배워나감으로써.

7

시각화에 대하여

Q   시각화란 무엇인가?

A   마음속에 그림을 그리는 과정이다.

Q   이것의 결과는 무엇인가?

A   이미지를 마음에 새김으로써 우리는 점차, 하지만 확실하게 자신이 바라는 것을 끌어당긴다. 원하는 대로 이루는 존재가 된다.

Q   이상화란 무엇인가?

A   우리의 외부 세계에 구체화될 계획을 마음에 시각화하는 과정이다.

Q   왜 명확함과 정확함이 필요한가?

A   '그림'은 '느낌'을 만들고 '느낌'은 '존재'를 만들기 때문이다. 먼저 마음(그림)이고, 그다음이 감정(느낌), 그리고 그다

음에 오는 것이 무한한 성취의 가능성이다.

Q 어떻게 얻을 수 있는가?

A 반복해서 그리면 이미지가 더 명확해진다.

Q 마음의 이미지를 그리는 재료는 어떻게 확보하는가?

A 수백만 명의 마음의 일꾼들을 통해. 그것들은 뇌세포라 불린다.

Q 우리의 이상을 외부 세계에서 물질화하고 구체화하기 위해 필요한 조건은 어떻게 확보하는가?

A 끌어당김의 법칙을 통해. 이는 모든 조건과 경험의 기반이되는 자연의 법칙이다.

Q 이 법칙을 실행하기 위해 필요한 세 단계는 무엇인가?

A 간절한 바람, 확신에 찬 기대, 확고한 요구.

Q 많은 사람이 실패하는 이유는 무엇인가?

A 결핍과 질병, 재앙에 집중하기 때문이다. 법칙은 완벽하게작용하고 있다. 그래서 그들이 두려워하는 것이 그들 자신에게 다가온다.

Q **이에 관한 해결책은 무엇인가?**

A 자기 삶에서 나타났으면 하는 이상에 집중한다.

8

상상력에 대하여

Q 상상이란 무엇일까?

A 건설적인 사고의 한 형태이다. 또한 우리가 새로운 생각과
경험의 세계를 뚫고 지나가게 하는 빛이다. 모든 발명가나
발견자가 과거의 예를 뛰어넘어 새로운 것을 경험하게 해
준 강력한 도구이다.

Q 상상력의 결과는 무엇인가?

A 상상력을 키우면 이상이 자라나며, 그 이상에서 우리의 미
래가 펼쳐진다.

Q 상상력을 어떻게 키울 수 있는가?

A 연습을 통해. 상상력은 영양분을 공급받지 않으면 살 수 없다.

Q 상상은 공상과 어떻게 다른가?

A 공상은 마음을 소모하는 한 형태에 불과하지만, 상상은 모

든 건설적인 행동에 앞서야만 하는 건설적인 생각이다.

Q 실수란 무엇인가?

A 무지의 결과이다.

Q 지식이란 무엇인가?

A 생각하는 능력의 결과이다.

Q 성공한 사람들이 활용하는 힘은 무엇인가?

A 마음은 그들이 자신의 계획을 완성하는 데 필요한 사람과 환경을 확보하는, 항상 움직이는 힘이다.

Q 무엇이 결과를 미리 결정하는가?

A 확고하게 마음속에 간직한 생각은 그것이 이뤄지는 데 필요한 조건을 이끌어낸다.

Q 예리하고 분석적인 관찰의 결과는 무엇인가?

A 상상력과 통찰력, 인지력과 현명함이 발전한다.

Q 이들은 무엇을 이끌어내는가?

A 부와 조화.

9

진리에 대하여

Q   모든 행복의 필수조건은 무엇인가?

A   좋은 행동.

Q   모든 올바른 행동의 선행 조건은 무엇인가?

A   올바른 생각.

Q   모든 사업이나 사회관계에 필요한 근본적인 조건은 무엇인가?

A   진리를 아는 것.

Q   진리를 알면 어떤 결과가 생기는가?

A   참된 전제에 기초한 모든 행동의 결과를 쉽게 예측할 수 있다.

Q   잘못된 전제에 기초한 행동의 결과는 무엇인가?

A   행동의 결과를 예측할 수 없다.

Q 어떻게 하면 진리를 알 수 있는가?

A 진리는 우주의 중요한 원리이며, 따라서 어디에나 존재한다
는 사실을 깨달으면 된다.

Q 진리의 본질은 무엇인가?

A 진리의 본질은 영적인 것이다.

Q 모든 문제의 해결책을 얻는 비결은 무엇인가?

A 영적 진리를 적용하는 것.

Q 영적인 방법의 장점은 무엇인가?

A 항상 사용할 수 있다는 점.

Q 필요한 요건은 무엇인가?

A 영적인 힘의 전능함을 인식하고 그 혜택의 수혜자가 되려
는 열망.

10

부에 대하여

Q 부는 무엇인가?

A 힘의 소산이다.

Q 우리가 소유한 것들에는 어떤 가치가 있는가?

A 소유한 것들은 우리에게 오직 힘을 줄 때만 가치가 있다.

Q 원인과 결과에 관한 지식은 어떤 가치가 있는가?

A 사람들이 용기 있게 계획하고 두려움 없이 행동하게 한다.

Q 무생물의 세계에서 생명은 어떻게 발생할까?

A 오직 살아있는 생명체가 개입해야 한다. 다른 방법은 없다.

Q 유한함과 무한함 사이의 연결 고리는 무엇인가?

A 생각.

Q   그 이유는 무엇인가?

A   우주는 오직 개인을 통해서만 나타날 수 있기 때문이다.

Q   인과관계는 무엇에 의존하는가?

A   양극과 음극 사이의 연결에 의존한다. 회로가 형성되어야 한다. 우주는 생명이라는 배터리의 양극이며 개인은 음극이다. 생각은 회로를 연결한다.

Q   왜 많은 사람이 조화로운 조건을 얻지 못하는가?

A   법칙을 이해하지 못했기 때문이다. 그들은 양극과 회로 모두 형성하지 못했다.

Q   해결책은 무엇인가?

A   끌어당김의 법칙을 확실히 이해하고 확실한 목적 아래 현실로 드러내게 하려는 의식적인 마음을 지녀야 한다.

Q   결과는 어떻게 나타나는가?

A   생각은 그 대상과 연결되어 대상이 현실에 드러나게 할 것이다. 생각은 영적인 인간의 산물이고 영혼은 우주의 창조 원리이기 때문이다.

11

끌어당김의 법칙에 대하여

Q 귀납적 추론이란 무엇인가?

A 공통적으로 발생하는 요인을 찾아낼 때까지 여러 사례를
비교하는 외부 의식의 작용이다.

Q 이 연구 방법은 어떤 업적을 이루었는가?

A 인류의 발전에 한 획을 그은 법칙의 영역을 발견했다.

Q 행동을 인도하고 결정하는 것은 무엇인가?

A 가장 넓은 의미에서 행동을 유도하고 지시하고 결정하는
것은 필요와 욕구, 열망이다.

Q 모든 사람의 문제에 정확한 해결책을 주는 공식은 무엇인가?

A 우리의 소망이 이미 이루어졌다고 믿어야 한다. 그러면 이
루어질 것이다.

Q 이것을 지지한 위대한 스승들은 누구인가?

A 예수, 플라톤, 스베덴보리.

Q 이러한 사고 과정이 작용한 결과는 무엇인가?

A 우리는 절대적인 차원에서 생각하며 씨앗을 심고 있다. 방해받지 않으면 씨앗에서 싹이 터 열매를 맺을 것이다.

Q 과학적으로 정확한 이유는 무엇일까?

A 그것은 자연의 법칙이기 때문이다.

Q 믿음이란 무엇인가?

A 믿음은 바라는 것들의 실체이며 보이지 않는 것들의 증거이다.

Q 끌어당김의 법칙이란 무엇인가?

A 믿음을 현실로 드러내는 법칙.

Q 이 법칙을 이해하는 것이 얼마나 중요하다고 생각하는가?

A 그것은 우리 삶에서 불확실하고 변덕스러운 요인을 없애고 그 대신 법칙과 이성, 확실함을 안겨준다.

12

지혜에 대하여

Q 어떻게 하면 살면서 모든 목적을 가장 잘 이룰 수 있는가?

A 생각의 영적인 본질을 과학적으로 이해함으로써.

Q 절대적으로 필요한 세 단계는 무엇인가?

A 우리가 지닌 힘을 인지하고, 대담하게 부딪치는 용기를 지니며, 해낼 수 있다는 믿음을 갖는다.

Q 실제적으로 활용할 수 있는 지식은 어떻게 얻어지는가?

A 자연의 법칙을 이해함으로써.

Q 이 법칙을 이해하면 어떤 보상을 받는가?

A 신성하고 변하지 않는 원칙에 적응하는 능력을 의식적으로 깨닫게 된다.

Q 성공의 정도를 드러내는 지표는 무엇인가?

A 무한한 존재를 바꿀 수는 없지만 그것과 협력해야 한다는 것을 얼마나 깨닫느냐에 따라 성공의 정도가 달라진다.

Q 생각에 동적인 힘을 부여하는 원리는 무엇인가?

A 진동에 의존하는 끌어당김의 법칙. 이것은 다시 사랑의 법칙에 의존한다. 사랑이 스며든 생각은 그 무엇에도 지지 않는다.

Q 이 법칙은 왜 거부할 수 없는가?

A 자연의 법칙이기 때문이다. 모든 자연의 법칙은 거부할 수 없고 변하지 않으며 수학처럼 정확하게 작용한다. 예외는 없다.

Q 그렇다면 왜 종종 인생에서 문제에 대한 해결책을 찾는 게 어렵게 느껴지는가?

A 어려운 수학 문제의 정확한 답을 찾는 게 종종 어려운 이유와 같다. 지식이나 경험이 부족하기 때문이다.

Q 왜 마음이 완전히 새로운 생각을 받아들이지 못하는가?

A 그 생각을 받아들일 수 있는 뇌세포가 없기 때문이다.

Q 지혜는 어떻게 얻어지는가?

A 집중으로 얻어진다. 그것은 '외부로 드러난 것'이다. 지혜는 내부에서 나온다.

13

이성과 경험에 대하여

Q 자연 철학자들이 지식을 얻고 적용하는 방법은 무엇인가?

A 일반적인 법칙을 정리하기 전에 모든 도구와 자원을 활용해 각각의 사실을 신중하고 인내심 있고 정확하게 관찰한다.

Q 어떻게 이 방법이 옳다고 확신할 수 있는가?

A 불쾌한 사실을 무시하거나 없애는 전제 군주적인 편견을 갖지 않음으로써.

Q 어떤 사실이 가장 높게 평가되는가?

A 일상적인 관찰로 설명되지 않는 것들.

Q 이 원칙은 무엇에 근거하는가?

A 이성과 경험.

Q 이 원칙은 무엇을 타파하는가?

A 미신과 선례, 관습.

Q 이 법칙들은 어떻게 발견되었는가?

A 흔하지 않고, 진기하고, 낯설고, 예외적인 사실들을 일반화
해서.

**Q 지금까지 계속 일어나고 있는 기이하고 설명할 수 없는 현상들
을 어떻게 설명할 수 있는가?**

A 생각의 창조하는 힘을 통해.

Q 그 이유는 무엇인가?

A 어떤 사실을 알게 될 때 우리는 그 사실이 어떤 확실한 원
인의 결과이며 그 원인은 항상 정확히 작용한다는 것을 확
신하기 때문이다.

Q 이를 알게 되었을 때의 결과는 무엇인가?

A 신체적, 정신적, 또 영적인 모든 조건의 원인을 이해할 수
있다.

Q 어떻게 해야 가장 큰 이익을 얻을 수 있는가?

A 생각의 창조적 본질에 관한 지식이 우리를 무한한 힘과 이
어준다는 점을 인식해서.

14

우주의 마음에 대하여

Q **모든 지혜, 힘, 지능의 근원은 무엇인가?**

A 우주의 마음.

Q **모든 움직임과 빛, 열과 색은 어디에서 기원하는가?**

A 우주의 마음이 드러난 하나의 현상인 우주의 에너지에서.

Q **생각의 창조력은 어디에서 비롯되었는가?**

A 우주의 마음에서.

Q **생각은 무엇인가?**

A 움직이는 마음.

Q **어떤 방법으로 우주는 여러 형태를 지니는가?**

A 우주의 마음은 다양한 조합을 만들어 여러 현상을 만들어
내며, 개개인이 그 수단이다.

Q 이것은 어떻게 이루어지는가?

A 각자의 생각하는 힘이 우주의 마음에 작용해 그 우주의 마음을 발현시켜서.

Q 지금까지 우리에게 알려진, 우주의 마음이 가장 먼저 취한 형태는 무엇인가?

A 모든 공간을 채우는 전자.

Q 만물의 기원은 무엇인가?

A 마음.

Q 생각이 변하면 어떤 결과가 나오는가?

A 조건이 변한다.

Q 조화로운 마음가짐의 결과는 무엇인가?

A 조화로운 삶의 조건들이 만들어진다.

15

어려움을 극복하는 방법에 대하여

Q 우리가 얻는 조화로움의 정도는 무엇이 결정하는가?

A 경험할 때마다 성장에 필요한 것을 얻어내는 우리의 능력.

Q 어려움과 장애물은 무엇을 나타내는가?

A 그것들이 우리의 지혜와 영적인 성장에 필요하다는 점.

Q 이러한 어려움을 어떻게 피할 수 있는가?

A 자연의 법칙을 이해하고 의식적으로 그 법칙과 협력함으로써.

Q 생각이 형태로 나타나게 하는 원칙은 무엇인가?

A 끌어당김의 법칙.

**Q 생각이 성장하고 발전하고 성숙해지는 데 필요한 것을 어떻게
얻는가?**

A 우주의 창조적 원리인 사랑의 법칙은 생각에 생명력을 부

여하고, 끌어당김의 법칙은 성장의 법칙에 의해 필요한 것
을 가져다준다.

Q 바람직한 조건은 어떻게 얻는가?

A 바람직한 생각만 함으로써.

Q 바람직하지 않은 조건들은 어떻게 생기는가?

A 결핍과 한계, 질병과 부조화와 불화의 조건들을 생각하고
논하고 시각화함으로써 생긴다. 잘못된 개념이 마음속에 심
어져 잠재의식으로 전해지면, 끌어당김의 법칙은 필연적으
로 그것을 외부 형태로 만든다. 뿌린 대로 거둔다는 말은 과
학적으로 정확하다.

**Q 어떻게 모든 두려움과 결핍, 한계와 가난, 그리고 부조화를 극
복할 수 있는가?**

A 오류를 원칙으로 대체함으로써.

Q 우리는 어떻게 원칙을 인지하는가?

A 진리가 항상 거짓을 파괴한다는 것을 의식적으로 깨달으면
가능하다. 우리는 힘들게 어둠을 몰아낼 필요가 없다. 불을
켜기만 하면 된다. 같은 원칙은 모든 부정적인 생각에 적용
된다.

Q 통찰력의 가치는 무엇인가?

A 우리가 얻은 지식의 응용 가치를 이해하게 해준다. 많은 사
람은 지식이 저절로 적용된다고 생각하는 듯하나 이는 절
대 사실이 아니다.

16

부에 대하여

Q 부는 무엇에 의존하는가?

A 생각의 창조적 본질에 대한 이해에 의존한다.

Q 부의 진가는 어디에 있는가?

A 교환 가치.

Q 성공은 무엇에 달려 있는가?

A 영적인 힘에.

Q 이 힘은 무엇에 의존하는가?

A 어디에 쓰느냐에 달려 있다. 어디에 쓰느냐가 그 생존을 결정한다.

Q 어떻게 운명을 우연의 손아귀에서 벗어나게 할 수 있는가?

A 삶에서 드러났으면 하는 조건들을 마음속에 의식적으로 만

들어서.

Q 그렇다면 인생에서 위대한 일은 무엇인가?

A 생각하는 일.

Q 그 이유는 무엇인가?

A 생각은 영적이고 따라서 창조적이기 때문이다. 그렇기 때문
에 생각을 의식적으로 통제하는 것은 우리의 상황과 조건,
환경과 운명을 통제하는 것이다.

Q 모든 악의 근원은 무엇인가?

A 파괴적인 사고.

Q 모든 선의 근원은 무엇인가?

A 과학적으로 올바른 사고.

Q 과학적 사고란 무엇인가?

A 영적 에너지의 창조적 본질과 그것을 통제하는 우리의 능
력에 대한 인식.

17

집중하는 방법에 대하여

Q 제대로 집중하는 법은 무엇인가?

A 생각하는 대상과 하나가 되어 다른 것을 의식하지 못하는 것.

Q 이 집중법의 결과는 무엇인가?

A 우리 생각에 일치하는 조건을 반드시 가져오는, 보이지 않는 힘을 움직인다.

Q 이러한 사고방식의 조절 요소는 무엇인가?

A 영적인 진리.

Q 왜 그런가?

A 소망의 본질은 자연의 법칙과 조화를 이루어야 하기 때문에.

Q 이 집중법의 실용적인 가치는 무엇인가?

A 생각은 성격으로 변하며 성격은 환경을 만드는 자석이다.

Q 모든 상거래의 통제 요인은 무엇인가?

A 심리적 요인.

Q 왜 그런가?

A 마음은 모든 외부 사물과 모든 사건의 지배자이자 창조자 이기 때문이다.

Q 집중력은 어떻게 작용하는가?

A 인지력과 지혜, 직관 및 현명함을 키워나감으로써.

Q 직관이 이성보다 훌륭한가?

A 직관은 경험이나 기억에 의존하지 않고 우리가 전혀 알지 못하는 방법으로 자주 문제의 해결책을 제시하기 때문에.

Q 실체의 상징을 추구하면 어떤 결과가 나오는가?

A 얻자마자 잿더미로 변해버린다. 상징은 내부 영적 활동의 외부 형상일 뿐이기 때문에, 우리가 영적인 실체를 소유할 수 없다면 형상은 사라진다.

18

개인에 대하여

Q **개인의 삶의 차이는 어떻게 측정되는가?**

A 각자가 드러내는 지능의 정도로.

Q **개인이 다른 형태의 지적 존재를 통제할 방법은 무엇인가?**

A 자신이 우주의 지능이 개인화된 존재임을 인지하는 것.

Q **창조력은 어디에서 유래하는가?**

A 우주의 마음으로부터.

Q **우주의 마음은 어떻게 창조하는가?**

A 개개인을 수단으로 하여.

Q **개인과 우주의 마음을 연결하는 고리는 무엇인가?**

A 생각.

Q   존재의 목적을 이루어주는 법칙은 무엇인가?

A   사랑의 법칙.

Q   이 법칙은 어떻게 표현되는가?

A   성장의 법칙에 의해.

Q   성장의 법칙은 어떤 조건에 달려있는가?

A   상호 작용에 달려 있다. 개인은 항상 완벽하기 때문에 자신
　　이 주는 대로만 받는다.

Q   우리가 주는 것은 무엇인가?

A   생각.

Q   우리는 무엇을 받는가?

A   생각. 이것은 평형 상태의 원료이다. 또 우리가 하는 생각에
　　의해 끊임없이 개체화되어 나타난다.

19

양극단에 대하여

Q **양극은 어떻게 대조되는가?**

A 양극은 안과 밖, 위와 아래, 빛과 어두움, 선과 악처럼 서로
다른 이름으로 불린다.

Q **이것들은 서로 별개인가?**

A 아니다. 전체의 일부 또는 일면이다.

Q **육체적, 정신적 그리고 영적인 세계에서 유일한 실체는 무엇인
가?**

A 우주의 마음 또는 모든 것을 생성하는 영원한 에너지.

Q **우리는 이 창조적 원리와 어떻게 연결되는가?**

A 생각하는 능력에 의해.

Q **이 창조적 원리는 어떻게 작동하는가?**

A   생각이 씨앗이 되어 행동으로 나타나고 행동은 다시 외형
으로 나타난다.

Q   외형은 무엇에 따라 달라지는가?

A   진동수에 따라.

Q   진동수는 어떻게 변하는가?

A   정신적 작용을 통해.

Q   정신적인 작용은 무엇에 달려있는가?

A   양극, 즉 개개인과 우주 사이의 작용과 반작용에 달려있다.

**Q   창조적 에너지는 개인에서 비롯되는가? 아니면 우주의 마음에
서 비롯되는가?**

A   우주의 마음에서 비롯된다. 하지만 우주의 마음은 각 개인
을 통해서만 나타난다.

Q   왜 각 개인이 필요한가?

A   우주의 마음은 멈춰 있고, 그것을 움직이기 위해서는 에너
지가 필요하기 때문이다. 섭취하는 음식이 에너지로 바뀌
며 그것이 다시 우리를 생각할 수 있게 만든다. 우리는 먹지
않으면 생각할 수 없으며, 더 이상 우주의 마음에 작용하지

못한다. 결과적으로 어떠한 작용과 반작용도 일어나지 않는다. 그렇게 되면 우주의 마음은 정적인 상태, 쉬는 상태로 존재하게 된다.

20

과학적 생각에 대하여

Q 힘은 어떤 조건에 달려있는가?

A 인식하고 사용하느냐에 달려 있다.

Q 인식이란 무엇인가?

A 의식.

Q 우리는 어떻게 힘을 의식하는가?

A 생각에 의해.

Q 그렇다면 우리가 해야 할 인생의 진정한 일은 무엇인가?

A 올바른 과학적인 생각.

Q 올바른 과학적인 생각이란 무엇인가?

A 우주의 의지에 맞춰 우리의 생각을 조절하는 능력이다. 다시 말하자면 자연의 법칙에 협력하는 것이다.

Q 이것은 어떻게 이루어지는가?

A 마음의 원칙과 힘, 방법과 조합들을 완벽하게 이해함으로써.

Q 이 우주의 마음이란 무엇인가?

A 모든 존재의 근본.

Q 모든 결핍과 한계, 질병과 부조화의 원인은 무엇인가?

A 그것은 정확히 같은 원칙이 적용하기 때문이다. 법칙은 끊임없이 작용하여 우리가 생각한 것으로부터 비롯된 조건을 계속 생성해낸다.

Q 영감이란 무엇인가?

A 전능한 존재가 어디에나 있다는 것을 깨닫는 기술.

Q 우리가 만나는 조건은 무엇에 달려 있는가?

A 우리 생각의 질에 달려 있다. 우리의 행동은 우리가 어떤 존재이냐에 달려 있고, 그 존재는 우리가 어떤 생각을 하느냐에 달려 있기 때문이다.

21

힘에 대하여

Q 힘의 진정한 비밀은 무엇인가?

A   힘을 의식하는 것이다. 의식하는 것은 무엇이든 항상 물질
    세계에 형태로 나타나기 때문이다.

Q 이 힘의 근원은 무엇인가?

A   모든 것이 생성되는 우주의 마음. 이 마음은 하나이며 나뉘
    지 않는다.

Q 이 힘은 어떻게 외부에 발현되는가?

A   각 개인을 통해 발현된다. 각 개인은 이 에너지가 형태를 갖
    추어 나타나게 하는 통로이다.

Q 우리는 어떻게 이 전능한 힘에 연결될 수 있는가?

A   생각하는 능력이 이 우주의 에너지에 작용하는 능력이다.
    우리의 생각은 외부 세계에서 드러난다.

Q 이 발견의 결과는 무엇인가?

A 놀라움 그 이상으로 전에 없었던 무한한 기회를 제공한다.

Q 그렇다면 어떻게 불완전한 조건들을 없앨 수 있는가?

A 모든 힘의 근원과 우리가 하나라는 것을 의식함으로써.

Q 위대한 사람들에게서 눈에 띄는 특성은 무엇인가?

A 큰 생각을 한다. 그들은 사소하고 성가신 모든 장애물을 없 애버릴 정도로 큰 생각을 품고 있다.

Q 경험은 어떻게 우리에게 다가오는가?

A 끌어당김의 법칙을 통해.

Q 이 법칙은 어떻게 작용하는가?

A 평소 주로 하는 지배적인 마음가짐에 의해.

Q 낡은 체제와 새로운 체제의 문제점은 무엇인가?

A 우주의 본질에 대한 확신의 문제. 낡은 체제는 신이 내린 권 리라는 운명론적 원칙을 고수하려 하며 새로운 체제는 각 개인의 신성, 즉 인류의 평등을 인정한다.

22

진동에 대하여

Q 병은 어떻게 없앨 수 있는가?

A 전능한 자연의 법칙과 조화를 이룸으로써.

Q 그 과정은 어떤 것인가?

A 인간은 영적인 존재이며 영혼이 완전하다는 점을 깨닫는 것.

Q 그 결과는 무엇인가?

A 이 완전함에 대한 의식적인 인식은 먼저 이성적으로, 그리고 그다음에 감성적으로 그것을 발현시킨다.

Q 왜 그러한가?

A 생각은 영적이고 따라서 창조적이며 그 대상과 연관되어 그것을 외부로 표현하기 때문이다.

Q 어떤 자연의 법칙이 작용하는가?

A 진동의 법칙.

Q 왜 이 법칙이 지배하는가?

A 더 높은 진동수가 더 낮은 진동수를 지배하고 수정하며 통제하고 변화시키고 또 파괴하기 때문이다.

Q 심리 치료의 이러한 방식이 일반적으로 인정되는가?

A 그렇다. 이 나라에도 이 치료를 여러 방식으로 활용하는 수백만 명의 사람이 있다.

Q 이 사고 체계의 결과는 무엇인가?

A 세계 역사상 최초로, 현재 세상에 빠르게 퍼지는 입증 가능한 진리가 최고의 추론 능력을 일깨우게 된다.

Q 이 시스템을 다른 것을 얻을 때 적용할 수 있는가?

A 우리의 모든 요구와 필요에 적용할 수 있다.

Q 이 시스템은 과학적인가 아니면 종교적인가?

A 둘 다에 해당한다. 진정한 과학과 종교는 쌍둥이 자매여서 하나가 가는 곳으로 다른 하나도 반드시 따라간다.

23

성공에 대하여

Q 성공의 첫 번째 법칙은 무엇인가?

A 봉사.

Q 어떻게 우리가 최대한 도움이 될 수 있는가?

A 열린 마음을 가짐으로써. 목표보다는 경기 자체에, 소유보다는 추구 자체에 관심을 가짐으로써.

Q 이기적인 생각은 어떤 결과를 낳는가?

A 파멸의 씨앗을 만든다.

Q 가장 큰 성공은 어떻게 이루어지는가?

A 받는 것만큼 주는 것도 꼭 필요하다는 점을 깨달음으로써.

Q 자본가들이 종종 크게 성공하는 이유는 무엇인가?

A 스스로 생각하기 때문이다.

Q 왜 전 세계 대다수의 사람은 다루기 쉬운 상태로 남아 있으면서 소수의 도구가 되길 원하는 것처럼 보이는가?

A 소수의 사람이 자기 대신 생각하도록 내버려 두었기 때문이다.

Q 슬픔과 손해에 집중하면 어떤 결과가 나오는가?

A 더 슬퍼지고 더 큰 손해를 본다.

Q 이득에 집중하면 어떤 효과를 얻는가?

A 더 많은 이득을 얻는다.

Q 이 원칙은 비즈니스 세계에서도 적용되는가?

A 사용되어 온 유일한 원칙이다. 다른 원칙은 없다. 이 원칙을 무의식적으로 사용한다고 해도 상황은 달라지지 않는다.

Q 이 원칙을 실제로 적용하는 방법은 무엇인가?

A 성공은 원인이 아니라 결과라는 사실을 알고, 그 결과를 얻고 싶다면 결과의 원인인 생각이나 아이디어를 확인해야 한다.

24

진리에 대하여

Q **존재하는 모든 형이상학 체계의 이론과 실천은 어떤 원리에 달려 있는가?**

A 우리 자신과 우리가 살아가는 세상에 관한 '진리'를 아는 것에 달려 있다.

Q **자신에 관한 '진리'란 무엇인가?**

A 진정한 '나' 또는 자아는 영적이며, 따라서 완벽하지 않을 수 없다.

Q **모든 잘못된 것을 파괴하는 방법은 무엇인가?**

A 나타났으면 하고 바라는 '진리'를 절대적으로 확신하면 된다.

Q **우리는 다른 사람들을 위해 이것을 할 수 있는가?**

A 우리가 살고 움직이며 존재하는 우주의 마음은 하나이며 분리될 수 없으므로, 우리는 자신을 돕는 것은 물론 다른 사

람도 도울 수 있다.

Q   우주의 마음이란 무엇인가?

A   존재하는 모든 마음의 합.

Q   우주의 마음은 어디에 존재하는가?

A   우주의 마음은 어디에나 존재한다. 우주의 마음이 없는 곳
은 없다. 따라서 그것은 우리 안에도 있다. 우주의 마음은
'내부 세계'이다. 우리의 영혼이고 생명이다.

Q   우주의 마음의 본질은 무엇인가?

A   우주의 마음은 영적이며 창조적이다. 우주의 마음은 자신을
외부 형태로 나타내려고 한다.

Q   우주의 마음에 어떻게 작용할 수 있는가?

A   생각하는 능력으로 작용한다. 이 능력은 자신 또는 다른 사
람을 위해 우주의 마음을 외부 형태로 표현하는 능력이다.

Q   이때 생각이란 무엇을 의미하는가?

A   명확하고 침착하며 결단력 있고 고요하며 확실한 목적을
가진 지속적인 생각을 말한다.

Q 그 결과는 무엇인가?

A "일을 하는 것은 내가 아니라 내 안에 계시는 '아버지'이다."
라고 말할 수 있게 된다. 여기서 '아버지'는 우주의 마음이
며 그것이 진정으로 우리의 내면에 살아 숨 쉰다는 것을 알
게 된다. 다시 말해 우리는 성경에서 드러난 놀라운 약속이
거짓이 아니라 사실이라는 점, 그리고 충분한 이해력을 지
닌다면 누구에게나 이를 증명할 수 있다는 점을 깨닫게 될
것이다.

독점 부록 2

용어 모음

- **절대적ABSOLUTE** 측정하거나 결정하거나 제한하거나 표현할 수 없는 것. 다른 모든 현실이 생겨난 근본적이고 실존적인 것.

- **증가물ACCRETION** 외부의 추가에 의한 성장 또는 축적.

- **이타적ALTRUISTIC** 다른 사람들을 대신해 노력하도록 이끄는 본능과 감정.

- **분석적ANALYTICAL** 분석에 의한 진행. 어떤 것이든 근원으로 분리.

- **인간화ANTHROPOMORPHIC** 인간의 속성에 대한 설명, 신을 향한 마음과 행동, 인간의 생각과 언어의 제한에서 나오는 마땅한 결과.

- **통각APPERCEPTION** 관심이 직접적으로 주어지는 중요 생각과 관련한 모든 아이디어와 기억을 연결하고 집중하는 정신적 과정.

- **아르카나ARCANA** 내면의 비밀 또는 수수께끼. 사람들 안에 숨겨져 있던 것. 연금술사들이 밝히고자 했던 위대한 비밀 중 하나.

- **주의ATTENTION** 의식 속 복잡한 내용에서 하나 이상의 세부 사항에 특별한 명료함을 부여하는 행위 또는 과정. 따라서 일반적인 마음과 뉴턴이 가진 마음의 차이는 주로 뉴턴이 다른 사람보다 더 지속적으로 주의력을 기울일 수 있다는 점에 있다.

- **믿음BELIEF** 명확한 증거가 부족한 것처럼 느껴지는 명제의 진실에 대한 자신감. 증명되지 않은 상태에서의 수용, 신뢰, 신조.

- **세포CELL** 독립적인 생명 활동을 나타내는 조직화된 신체의 가장 작은 요소. 인체의 조직은 세포와 그 생성물의 집합체이다. 크기는 10마이크로미터에서 100마이크로미터.

- **집중CONCENTRATE** 공통되는 중심으로 향하게 함.

- **개념의 형성CONCEPTION** 우리가 개념이라고 부르는 통일된 생각에 대한 두 가지 이상의 속성을 파악하는 행위.

- **의식CONSCIOUSNESS** 모든 형태의 감각, 느낌, 인지 계획 및 사고. 우리의 모든 인지적 에너지를 보완하는 포괄적인 용어.

- **우주COSMIC** 혼돈과는 대조적으로 조화롭고 질서 있는 시스템으로서

의 우주.

- **우주 철학COSMOLOGICAL** 만물의 시초가 되고 변화 가능한 질서로서
  우주의 본질 및 법칙과 관련된, 우주 철학적 주장.

- **연역법COSMOLOGICAL** 일반적인 것에서 특정한 것으로의 추론. 연역법
  은 일반적인 원칙에서 인정된 사례를 통해 결론을 도출한다.

- **분화DIFFERENTIATION** 모든 유기체의 특징인 세포 성장과 갈라지는 분
  화가 배아의 구성에 특징이 내재된 유전적 분화와는 대조적으로 환
  경과 공간 조건에 기인한다는 가설로서, 분화하거나 분화하는 과정을
  뜻함.

- **자아EGO** 생각하고, 느끼고, 행동하는 '나'. 의식적이고 개별적이거나
  생각하는 자아는 모든 생각의 대상 및 그 자신의 상태 또는 힘과 구별
  된다. 순전한 개인적 정체성의 원칙.

- **전기ELECTRICITY** 작용하는 동안 자기, 화학 및 열 영향을 나타내는 에
  너지 형태.

- **엘로힘ELOHIM** 구약성경에서 가장 빈번하게 등장하는 히브리어로서
  절대적인 신의 힘을 의미.

- **진화EVOLUTION** 자연의 움직임에서 보이는 행동의 통일성, 진화하는

행위 또는 과정. 근원이 단순한 상태에서 복잡한 상태로 옮겨가는 변화의 연속적 과정. "각각의 영역이 계속해서 발생하면서 진화의 방향이 육체적인 것에서 정신적인 것으로 바뀌었다." —펑크Funk.

- **전자ELECTRON** 알려져 있는 물질의 최소 구성 요소. 항상 음전기로 변하지 않는 단위 전하unit charge와 관련됨.

- **신뢰FAITH** 의욕적인 믿음. 받아들인 전제에 따라 행동의 기초가 되는 믿음.

- **발아하다GERMINATE** 씨앗, 포자 또는 난자에서 성장하는 첫 번째 행위.

- **용어 모음GLOSSARY** 방언 또는 구체적 지식 체계 관련 단어군을 다루고 설명하는 어휘.

- **신GOD** 우주의 궁극적인 원칙으로 간주되는 어떤 것이나 현실의 어느 측면의 구현.

- **중력GRAVITATION** 모든 다른 입자에 대한 모든 우주의 물질 입자의 경향. 또는 이 힘을 표현하는 법칙. 지구 중심을 향한 물체의 가속 경향은 지구인력에서 지구축의 회전에서 발생하는 원심력을 뺀 것과 같다.

- **조화HARMONY** 통일성의 다양성, 관계의 일치성과 질서성에서 오는 완전성과 완벽성.

- **생각IDEA** 생각하는 사람과는 독립적인 것으로 간주되며, 어떤 의미에서 존재하는 '생각Thought'은 활동적인 마음의 직접적 산물이며 행동하는 마음과 분리되지 않고 존재할 수 없는 마음의 표현을 가리키는데 사용되는 반면, '생각Idea'은 더 이상 행동하는 것으로 생각되지 않는 마음의 표현을 가리키는 데 사용된다. 생각Thought은 모든 마음이 동일하게 형성할 수 있도록 스스로 결정되거나 관련된 것의 특성으로 인해 어느 정도로 느껴지며, 그 용어는 여전히 근본적인 현실의 형태로서 플라톤이 말한 생각의 개념에서 영향을 받는다.

- **이상화IDEALIZE** 이상이나 완벽한 마음의 기준에 부합하는.

- **억제하다INHIBIT** 금지하여 제한하고, 방해하며 저지한다.

- **상상IMAGINATION** 과거 경험의 산물을 새롭게 수정하거나 또는 이상적인 형태로 결합하는 행위나 힘. 창조적이거나 건설적인 마음의 힘. 지식 또는 생각을 새롭고 독창적이고 이성적인 체계로 그룹화하는 건설적인 지성적 행위. "과학, 발명 및 철학은 상상에 거의 쓸모가 없지만, 상상의 창조적이고 통찰력 있는 예리한 힘은 과학, 발명 및 철학에 생명의 숨결을 불어 넣어 주며 그것들이 이루는 모든 발전과 성공의 조건으로 작용한다."

- **불변IMMUTABLE** 증가 또는 감소, 발전 또는 자체적인 진화에 의해 변화하지 않는, 일정하고 불변하며 영구적인.

- **귀납법INDUCTION** (1) 엄격한 연산, (2) 정확한 해석, (3) 합리적인 설명, (4) 과학적 구성의 과정을 따름. 개별적인 것에서 일반적인 것을 추론한다. 귀납법은 다수의 대조되는 사례에서 모두에게 공통되는 일부 속성을 통해 일반적인 원리를 도출하는 식으로 진행된다.

- **개별적인INDIVIDUAL** 완전히 독립적인 단일 존재. 정체성의 상실 없이 분열되지 않는.

- **변하지 않는INEXORABLE** 간청에 흔들리지 않고 양보하지 않음. 타협하지 않고 바꿀 수 없고 확고함.

- **무한한INFINITE** 자체적이며 모든 것을 포함하는 현실. 측정되지 않고 결정되지 않으며 제한이 없음. 모든 표현과 현실화되고 실현된 것을 포함하지만 표현에 있어서 독립적인. 절대적이고 완전한.

- **통찰INSIGHT** 사물의 내적 본성에 대한 인식 또는 지각.

- **영감INSPIRATION** 아이디어, 감정 또는 정신적 및 영적 영향을 불어넣거나 더한. 재능의 고양되고 창의적인 영향.

- **무형적인INTANGIBLE** 만질 수 없는. 감각으로 인지할 수 없는. 사실상 명확한 토대나 기초가 없는.

- **직관INTUITION** 이성의 의식적인 사용 없이 도달되고 감각 경험에 대한

일반적인 이해를 직접적으로 추적할 수 없는 결론. 직관에 도달하거나 배우지 않고 사물을 인지하는 무의식적인 마음의 능력. 물리적 또는 도덕적 가치에 대한 직접적 또는 즉각적인 지식.

- **본질적인/해결의 열쇠가 되는KEY** 주제나 문제에 대한 핵심으로서 이해할 수 있도록 공개하거나 해방하는 모든 것. 다른 단계로 향하는 길을 열어주거나 더 많이 발전할 수 있게 하는 것.

- **운동상의KINETIC** 운동 생성. 잠재적인 것과 반대로 활동적인 것. 운동학 이론kinetic theory은 기체의 거의 모든 현상을 설명할 수 있다고 여겨졌다. 현재도 일반적으로 받아들여지고 있다.

- **생기를 주다LEAVEN** 비밀스럽게 하거나 고요하게 영향력을 행사함으로써 점진적으로 특성이나 조건의 변화를 가져오는 모든 것.

- **논리LOGIC** 올바른 사고에 대한 과학 또는 법칙. 진리를 추구하고 표현하는 추론 능력을 지배하는 원리.

- **사랑LOVE** 훌륭하거나 뛰어난 것에 대한 영혼의 우호성 또는 갈망.

- **주인MASTER** 통제하거나 권한을 가진 사람. 윗사람, 지배자 또는 통치자. '나는 내 운명의 주인이다.'라며 승리를 얻어내는 사람.

- **마스터키MASTERKEY** 여러 개의 잠금을 제어하는 키로, 만능열쇠를 뜻

한다.

- **물질MATTER** 확장, 관성, 무게 등을 특징으로 하는 존재 또는 물질의 형태. 또는 일반적으로 감각에 의해 인식되는 특성.

- **메커니즘MECHANISM** 기계적 장치의 구조 또는 작용. "모든 부분이 조화롭게 작용하는 인간 유기체는 훌륭한 메커니즘이다." - 윈첼Winchell

- **형이상학METAPHYSICS** 존재와 지식의 첫 번째 원칙의 과학. 가장 중요한 본질과 모든 것의 근본적 관계에 관한 이성적인 원칙.

- **정신MIND** 모든 형태의 의식적 지능을 추상적으로 통합해 가리키는 용어.

- **자연의 법칙NATURAL LAW** 초자연적인 것과 반대로 평균적이거나 일반적인 사물의 흐름에 따르는 것.

- **부정적인NEGATIVE** 긍정적이거나 않거나, 모호하거나 없는. "부정적인 것에 의해 허위 사실을 뒤엎을 수 없지만 적대적인 진실을 확립할 수 있다." - 로버트슨Robertson

- **실증적인OBJECTIVE** 생각하거나 인식하는 것과 반대로 생각되거나 인식되는 대상 또는 존재의 본질을 갖는 것.

- **전능한OMNISCIENCE** 모든 것에 대한 지식. 무한하고 제한 없는 지식.

- **절대력을 가진OMNIPOTENT** 신에게만 적용할 수 없는, 한계가 없는 우주의 힘을 소유하는 것.

- **어디에나 있는OMNIPRESENCE** 본질적으로 모든 곳에 동시에 존재하는.

- **지각PERCEPTION** 사실이나 진실에 대한 비정상적인 식별을 암시하는 통찰력 또는 직관적인 판단.

- **개인적PERSONAL** 인간과 관련되거나 인간의 특성인 것.

- **철학PHILOSOPHY** 모든 지식과 존재의 기초가 되며 이를 설명하는 궁극적인 원칙, 요소, 원인 및 법칙에 관한, 과학적 체계로 이루어진 지식.

- **물리학PHYSICS** 일반적으로 물질과 관련된 현상, 특히 에너지 및 이러한 현상을 지배하는 법칙과 관련해 통제하는 과학 또는 과학 그룹.

- **생리학PHYSIOLOGY** 동물과 식물에 의해 나타나는 생명 현상을 치료하는 생물학의 분과.

- **가소성이 있는PLASTIC** 진실에 유연한 마음처럼 형태가 바뀔 수 있는. 또는 물질적인 신체에 대응해 변할 수 있는 힘을 지닌 인간 내면의 마음 같은.

- **극성POLARITY** 가장 작은 부분이 질량을 통과하는 방향선과 관련해 특

정한 특성을 갖는 신체의 특색. 이 방향선 한쪽 끝의 특성은 자석에서
와 같이 선의 다른 쪽 끝의 특성과 반대이다.

- **명확한POSITIVE** 사물에 내재되어 있거나, 그 자체. 인간의 판단이나 느
  낌과 관련이 없는. 절대적이며 내재적인. 의문이 존재하지 않으며 궁
  극적인. 부인할 수 없고 논란의 여지가 없는.

- **잠재력POTENTIAL** 가능하지만 실제로 보이지 않는. 성장하기 위해 필
  요한 고유의 특성을 지닌. 실제로 보이지 않지만 고유한 힘과 능력,
  효율성.

- **선례PRECEDENT** 물질, 방식 또는 형태에서 선행된 것. 예시나 모델, 권
  위 또는 정당성으로 인용될 수 있다.

- **우세한PREDOMINANT** 힘이나 영향력, 효과에서 우월함. 우위 또는 통제
  력을 지님.

- **전제PREMISE** 주장이나 결론의 근거가 되고 제시된. 또 증명되고 가정
  된 명제.

- **원칙PRINCIPLE** 모든 존재가 구성될 때 들어가는 궁극적인 필수 요소.
  존재가 발현되는데 필요한 이동 동기moving cause, 힘. 이 발현의 법칙
  을 표현하는 보편적인 진리. 저절로 또는 반드시 특정 결과를 생성하
  는 근원, 원인 또는 힘. 모든 본질과 특성 및 실체를 결정하는 근원, 원

인 또는 힘.

- **예방PROPHYLACTIC** 질병으로부터 보호하는 데 효과적인 모든 조치.

- **정신적PSYCHICAL** 정신이나 영혼과 관련된. 생리학적인 물리학과 구별되는.

- **심리학PSYCHOLOGY** 가장 중요하고 전반적인 본성을 다루는, 정신과 그 기능, 활동 상태 및 발달을 치료하는 과학.

- **눈부신RADIANT** 빛이나 밝은 광선을 방출하는. 비유적으로는 기쁨과 다정함, 사랑으로 빛나는.

- **근본적인RADICAL** 근원 또는 기초에서 진행되는. 따라서 철저하며 극단적이고 근본적이다.

- **실재REALITY** 생각이나 의견과 독립적으로 존재한다고 믿는 것. 또는 독립적으로 존재하는 것. 진실한 것. 상상이나 공상과 반대되는 것. 주의력이나 관심의 큰 지분을 차지하는 현실로 나타난다.

- **추론하다REASON** (1) 경험을 비교하고 추론을 도출하는 정신적인 능력. (2) 비교하는 방식으로 결론에 도달하는 과정. (3) 다른 것을 타당하게 추론하는 명제.

- **긴장을 푸는RELAX** 덜 격렬하거나 긴박하게 만들기. 엄격하고 심각한 것을 완화하기. 긴장 또는 분투하는 것을 완화하기. 주의 또는 집중을 완화하여 마음을 편안하게 하는 것.

- **현명SAGACITY** 광범위하며 정확한 추론하는 힘. 또는 특히 인간의 행동이나 특정 행동으로 인한 결과를 볼 준비가 되어 있는 것.

- **변화가 없는SAMENESS** 최소한의 다양성을 지닌 것.

- **과학SCIENCE** 정확한 관찰과 올바른 사고를 통해 지식을 얻고 검증한다. 합리적인 체계에서 규칙적으로 조직하고 배열한다.

- **봉사SERVICE** 어떤 방식으로든 다른 사람을 돕거나 상대의 관심사를 진척시키는 행위.

- **태양 신경총SOLAR PLEXUS** 횡격막 약간 아래쪽의 복부 대동맥 주변에서 발견되는 신체에서 가장 큰 교감신경총. 미주 신경 가지들과 큰 내장 신경으로 구성되어 있다. 이와 연결된 가장 중요한 신경절들은 오른쪽과 왼쪽이 반달 모양이다. 많은 작은 신경총들이 여기서 파생된다.

- **영혼SPIRIT** 인간의 보이지 않고 실체적이지 않은 원리. 자의식, 자발적 활동self-activity 및 일반적인 이성적 힘의 원리. 인간과 신적인 존재의 유사성을 의미한다.

- **잠재의식SUB-CONSCIOUS** 사람이나 사물의 실제 본질 또는 본질과 관련된 것. 목표와는 반대로 대상에서 진행되거나 대상 내에서 발생한다. 따라서 감각은 잠재의식인 반면, 지각은 외부적인 경험이다.

- **주관적인SUBJECTIVE** 심리적인 특징을 가지고 있는 것처럼 보이지만 의식이 수반되지 않는 과정들.

- **개략SYLLABUS** 주제에 대한 간결한 진술. 개요, 추상적인 진술 또는 요약.

- **연역법SYLLOGISM** 세 개의 명제로 구성된 공식 또는 형식적인 논증의 분석. 그 중 첫 번째 두 개는 전제, 세 번째는 결론이라 불린다.

- **체계SYSTEM** 전체로의 질서 있는 결합 또는 배열. 특히 어떤 합리적인 원칙 또는 유기적인 생각에 따른 그러한 결합이 통일성과 완전성을 부여한다.

- **텔레파시TELEPATHY** (기원은 그리스어, '먼 거리tele'와 '경험pathe'이 합쳐진 말) 물질적 매체, 일상적인 표현 또는 감각의 사용 없이 마음 사이에 생각을 전달하는 것.

- **신학THEOLOGY** 신의 존재와 속성, 삼위일체 교리 및 창조와 섭리를 다루는 과학.

- **치료학의THERAPEUTIC** 질병을 치료하는 기술과 과학.

- **초월적인TRANSCENDENTAL** 인간의 일반적인 개념을 초월하고, 모든 일반적인 지정된 한계 또는 힘을 초월하며, 개별적인 경험의 한계를 초과하지만 일반적으로 경험의 보편적이고 필요한 조건을 형성한다.

- **진리TRUTH** 현실을 나타내거나 부합하는 진술 또는 믿음. 올바른 추론에 의해 확립된 법칙 또는 원칙.

- **보편적인UNIVERSAL** 전체 우주와 관련된. 모든 것을 포용하는. 제한이 없는. 전체로 간주되거나 전체로 존재함. 전체.

- **진동VIBRATION** 앞뒤로 빠르게 움직이는 진동. 진동은 진폭, 진동수 및 주기에 의해 결정된다. 따라서 음표에서 감지되는 가장 미세한 진동은 초당 16회이며 가장 높은 톤의 진동은 초당 41,000회이다.

- **시각화VISUALIZE** 정신적 표현에 그림 같은 생동감을 부여하고, 마음속에 시각적 이미지를 구성한다.

- **휘발성의VOLATILE** 지속되지 않거나 영구적이지 않음. 순간적임. 일시적임. 바뀔 수 있는. 증발하는.

- **의지WILL** 선택할 수 있는 정신적 힘. 마음의 표현을 형성하는 힘. 욕구의 실현. 결단력.

생각은 존재와 숨결, 날개로 주어진 것이며,
우리는 좋은 결과 혹은 나쁜 결과로 세상을 채우기 위해
내면의 생각을 바깥으로 발산한다.

— 찰스 해낼